DEUXIÈME

CONGRÈS NATIONAL

DES

Professeurs-Adjoints & Répétiteurs

DE L'ENSEIGNEMENT SECONDAIRE PUBLIC

(1906)

RAPPORT GÉNÉRAL

Publié par les soins

DE

LOUIS RIPAULT

Secrétaire-Général de la Fédération Nationale
des Professeurs-Adjoints et Répétiteurs

IMPRIMERIE Em.-M. LELIÈVRE

LAVAL-PARIS

1906

UNIVERSITÉ DE FRANCE

DEUXIÈME
CONGRÈS NATIONAL

DES

Professeurs-Adjoints & Répétiteurs

DE L'ENSEIGNEMENT SECONDAIRE PUBLIC

(1906)

RAPPORT GÉNÉRAL

Publié par les soins

DE

LOUIS RIPAULT

Secrétaire-Général de la Fédération Nationale
des Professeurs-Adjoints et Répétiteurs

IMPRIMERIE Em.-M. LELIÈVRE

LAVAL-PARIS

1906

AVANT PROPOS

Au moment d'écrire ce compte-rendu, j'ai hésité entre les deux manières qui m'étaient conseillées. L'une, philosophique, aurait présenté non pas le débat lui-même, mais ce qui s'en dégageait à travers les interventions diverses dont chaque question avait été l'objet ; l'autre, plus terre à terre, plus réelle, demandait de la part du rédacteur plus de précision, plus de minutie dans les détails capables de donner au lecteur la physionomie exacte de nos débats et la sensation, après lecture, qu'il y avait assisté.

La première manière, dès l'abord, me tenta ; pas longtemps cependant, ayant jugé très vite qu'il y aurait quelque prétention de la part d'un secrétaire à exposer son opinion pendant 50 pages, alors qu'on lui demandait avant tout un compte-rendu. Dans leurs fonctions, les sténographes n'ont pas d'opinion. Ils recueillent celle des orateurs pour permettre à chacun de juger ensuite librement. Or, j'étais avant tout un sténographe. Un mauvais sténographe d'ailleurs, car, je n'ai pu prendre autant de notes qu'il eût été désirable et certaines parties de nos débats, celle notamment qui touche les questions financières, paraîtront insuffisantes. Les congressistes voudront bien m'en excuser. Ils se rappelleront que la bonne volonté d'un seul ne pouvait pas lutter avec l'activité de tous et que, dans ce combat d'un nouveau genre, le secrétaire-général devait être vaincu.

Sa défaite ne lui semble pas amère cependant, car, au fur et à mesure qu'il rédigeait les pages du compte-rendu, il éprouvait d'une façon intense l'impression déjà ressentie très vivement au congrès qu'une corporation où l'on discute avec tant de sérieux, de profondeur, de passion quelquefois, les problèmes les plus délicats de l'enseignement laïque, cette corporation prouve par cela même que l'intérêt que lui portent les pouvoirs publics est complètement justifié.

Ah ! certes, aucun de nous ne s'attend à ce que d'un seul coup soit réalisé le programme que nous présentons. Mais nous savons attendre parce que nous constatons que nous avançons ; parce que, surtout, nous avons la certitude que les idées que nous défendons sont essentiellement démocratiques et que ces idées là, quelque résistance momentanée qu'elles puissent rencontrer de la part de la routine administrative ou d'adversaires intéressés au statu quo, finissent toujours par triompher.

L'effort que nous avons fourni depuis quelques années, celui que la Fédération nationale donnera complètement cette année encore nous sont la garantie certaine du succès prochain.

Que ce compte-rendu et les rapports qui lui font suite aident nos amis dans leur tâche, qu'ils y puisent sans se lasser les arguments de leurs discussions. Ils trouveront tous ceux qui leur sont nécessaires pour convaincre nos adversaires les plus prévenus, S'ils ne désarment pas l'hostilité armée de la mauvaise foi, qu'ils restent sans inquiétude. Cette hostilité disparaîtra, elle aussi, dans un avenir peu lointain, car la mauvaise foi n'est qu'un expédient non un système. Ce jour là, mes chers camarades, si on vous tend la main, ne répondez pas : Il est trop tard ! Sans rancune, tendez la vôtre, car, à ceux qui ont souffert, il appartient d'être magnanimes.

En attendant, travaillons tous énergiquement à rapprocher cette époque où l'Université républicaine ayant assuré à ses membres des conditions normales d'existence, n'ayant plus en elle ni coterie ni caste, remplira sa mission véritable, qui est de donner à tous l'enseignement dont bénéficie seule une minorité de privilégiés.

Louis RIPAULT.

UNIVERSITÉ DE FRANCE

DEUXIÈME CONGRÈS NATIONAL

DES

Professeurs—Adjoints et Répétiteurs

DE L'ENSEIGNEMENT SECONDAIRE PUBLIC

(1906)

I.

PRÉPARATION DU CONGRÈS

Paris, 20 mars 1906.

« Chers Camarades,

« Conformément à l'article 12 des statuts, et après avoir consulté les Fédérations régionales et les Amicales, le Bureau de la Fédération nationale a l'honneur de vous informer que le Congrès se tiendra à Paris le 20 Avril, à 9 heures du matin, dans une des salles du lycée Louis-le-Grand.

« Il vous soumet l'ordre du jour suivant, extrait des

vœux émis par les différents groupements, et qui ne sera définitivement arrêté que par le Congrès lui même :

1° Rapport du Secrétaire général sur la gestion du Bureau ;

2° Rapport du Trésorier sur l'exercice financier 1905-1906. — Vérification des comptes ;

3° Révision des statuts de la Fédération ;

4° Examen de la situation qui nous est faite par les votes récents du Parlement, relatifs à l'assimilation et à notre représentation dans les Conseils de l'Université ;

5° Le professorat-adjoint ;

6° Les promotions ;

7° Les retraites ;

8° Participation au Congrès des Secondaires ;

9° Le journal corporatif ;

10° Election du Bureau pour 1906-1907 ;

Le Bureau sortant est ainsi composé :
Président : Guignard (Charlemagne).
Vice-présidents : Raby (Carnot).
— Buzet (Rodez).
— Reybaud (Aix).
— Vignol (Lille).
Secrétaire-général : Ripault (Louis-le-Grand).
Trésorier : Patte (Collège Rollin).
Secrétaires : Doumerc (Henri IV).
— Huc (Condorcet).
— Deffeulliez (Grenoble).

« Tous nos groupements, dont les efforts combinés ont engendré déjà de précieux résultats, comprendront à coup sûr l'influence croissante qu'avec le progrès des mœurs démocratiques les associations professionnelles auront dans l'avenir sur les destinées corporatives et sur la bonne marche des services publics.

« Nous sommes convaincus qu'ils tiendront à nous

apporter leurs lumières et à participer activement à nos délibérations. L'importance des questions d'ordre universitaire qui seront, à bref délai, soumises à l'examen du Parlement doit, en effet, plus que jamais, solliciter leur attention passionnée.

« Nous vous rappelons que chaque délégué disposera d'autant de voix que son groupe a versé de cotisations à la caisse de la Fédération nationale. La liste de ces cotisations est publiée dans l'*Avenir universitaire* du 1er avril.

« Nous vous serions très reconnaissants de nous faire connaître avant le 8 avril, les délégués choisis par votre groupement.

« Veuillez agréer, chers camarades, l'assurance de notre cordiale confraternité.

« Pour le Bureau :

« *Le Président,*

« F. GUIGNARD ».

Fédérations, Associations régionales, Amicales représentées au Congrès des 20 et 21 avril 1906

FÉDÉRATIONS ET ASSOCIATIONS

Fédération de Paris, par le bureau (115 à 49) ; — Aix-Marseille, par Reybaud (90) ; — Bordeaux, par Lacaze (64) ; — Caen, par Bellenger (96) ; — Clermont, par Pinet (60) ; — Chambéry-Grenoble, par Vigot (43) ; — Lille, par Leroy (70) ; — Lyon, par Buisson (69) ;

— Montpellier, par Ripault (53) ; — Nancy, par François (24) ; — Dijon, par Modot (44) ; — Poitiers, par Baron (70) ; — Rennes, par Le Coq (102) ; — Toulouse, par Baillon (69) ; — Algérie, par Dhers et Méry (57).

AMICALES

Louis-le-Grand, par Guillo et Ripault (20) ; — Saint-Louis, par Jalby (26) ; — Henri IV, par Regnault et Bornet (15) ; — Charlemagne, par Guignard (18) ; — Hoche, par Piatier (11) ; — Carnot, par Raby (8) ; — Michelet, par Champion (18) ; — Janson, par Maillard et Guénard (25) ; — Montaigne, par Poirier (14) ; — Voltaire, par Desserin (9) ; — Condorcet, par Huc (18) ; — Troyes, par Guignard ; — Reims, par Engelhard (8) ; — Saint-Quentin.

En outre, un certain nombre de sociétaires ont assisté et pris part aux délibérations.

II.

Première Séance

DU VENDREDI 20 AVRIL 1906

———

Guignard ouvre la séance à 9 h. 1/2.

« Mes chers Camarades,

« Avant d'ouvrir les travaux du Congrès. j'ai l'agréable devoir de souhaiter la bienvenue aux délégués des Régionales et des Amicales'. Nous sommes très heureux de constater que l'activité des groupements est loin de se ralentir, qu'aucun d'eux ne se désintéresse des questions qui nous passionnent, et que notre jeune et belle Fédération a révélé dans sa première année d'existence, une force qui fait bien augurer de son avenir.

« Il ne m'appartient pas de retracer devant vous, ce qui a été fait depuis un an. Ce sera, dans un instant, la tâche de notre Secrétaire-général, Ripault. Il me sera permis, cependant, d'affirmer que si des résultats appréciables ont été obtenus par ceux que vous aviez honorés de votre confiance, le mérite essentiel en revient à la parfaite union et à l'admirable esprit de solidarité de tous nos sociétaires, d'exprimer l'espoir que ce Congrès saura définir nettement notre action future et qu'il mettra aux mains de nos successeurs l'arme qui décidera de la victoire ». *(Vifs applaudissements).*

Guignard invite le Congrès à désigner un président pour les séances. A l'unanimité, il est élu président. Ensuite, le Congrès choisit comme secrétaire, Ripault, auquel on adjoint Engelhard.

Le Président :

« Avant d'établir l'ordre du jour, je crois que vous serez tous d'accord avec moi pour envoyer à Madame Curie le témoignage de notre douloureuse sympathie. » *(Adhésion unanime).*

Fixation de l'ordre du jour

Le Président donne lecture des questions qui figurent à l'ordre du jour. On inscrit en tête le rapport du secrétaire-général sur la gestion du bureau. Ripault demande qu'on inscrive ensuite la participation de la fédération au Congrès général des secondaires. Raby s'y oppose. Après un vif débat, auquel prennent part Vignol, Champion, Méry, Doumerc, Pinet, Billeret, on procède au scrutin. Il donne les résultats suivants : Pour la discussion immédiate : 843 voix, — contre : 148 voix (1).

Ensuite, le Congrès inscrit les questions financières, la représentation dans les conseils, l'assimilation, le

______

(1) Ont voté pour : Paris, Aix, Bordeaux, Caen, Grenoble, Lille, Lyon, Montpellier, Nancy, Toulouse, Algérie, Troyes, Saint-Quentin, Charlemagne, Louis-le-Grand, Saint-Louis, Henri IV, Michelet, Janson, Dijon.

Ont voté contre : Clermont, Poitiers, Hoche, Carnot.

Le Congrès a adopté.

professorat-adjoint, l'organe corporatif, les modifications aux statuts.

Ripault donne lecture du rapport suivant :

« Mes Chers Camarades,

« Le bureau que vous avez élu, il y a juste une année, avait à remplir une double mission : organiser la fédération d'abord, intéresser ensuite les Pouvoirs publics aux vœux que vous aviez formulés dans votre dernier congrès.

« L'organisation de la Fédération, grâce à la bonne volonté commune et au vif esprit de solidarité qui existe dans notre corporation, a été très facile. Aujourd'hui, toutes les Académies possèdent une fédération et toutes sont affiliées à la fédération nationale, et en correspondance régulière avec ses mandataires parisiens.

« A ce sujet, je tiens à remercier vivement les bureaux régionaux, du concours empressé qu'ils ont apporté à l'œuvre commune. Grâce à leur aide efficace, nous avons toujours agi avec toute notre force et si, à ce congrès, nous avons la joie légitime de marquer les grands progrès accomplis, c'est qu'ils ont répondu complètement à la confiance que leurs camarades avaient mise en eux. Cette année, ils agiront de même. nous en sommes persuadés, car ils n'oublieront pas que la persévérance dans l'effort est, pour le succès, le meilleur des gages. Ils coordonneront les travaux des amicales de leurs régions, ils les tiendront au courant et les avertiront des démarches à faire. Ils veilleront aussi, et je me permets d'insister sur ce point, à ce que les décisions du congrès ne soient pas trop vite oubliées et que, par exemple, si l'Assemblée générale émet un vœu sur le maximum de service hebdomadaire du professeur-adjoint, il ne nous

arrive pas de rencontrer un chiffre différent dans les
vœux particuliers des fédérations régionales.

« De même encore, il est nécessaire que l'article V
des statuts qui dit que « dans les questions d'intérêt
général, les Fédérations et Associations régionales avertissent le Conseil fédéral de leurs démarches ou de leurs
manifestations », il est nécessaire que l'article V soit
strictement respecté.

« Le succès, on ne saurait trop le répéter, vient de la
coordination de nos efforts. Ceux que nous avons tentés
cette année, sont multiples. Ils visent la réforme de
1902, l'assimilation et notre représentation aux conseils.

« Sur la question du professorat-adjoint, la situation actuelle est celle-ci : Non seulement nous n'avons
pas reculé, mais encore la réforme a été étendue aux
lycées non de faculté et appliquée selon les directions
initiales. Pour obtenir ce résultat, nous n'avons pas eu
à combattre l'administration qui semble favorable à
notre cause, nous avons eu à lutter simplement contre
la fédération des professeurs titulaires, qui, à tort,
craignant ses intérêts menacés, s'est insurgée contre
nos légitimes revendications et a prétendu même trouver
son bénéfice sur notre dos. A la campagne de presse,
nous avons répondu comme vous savez.

« Auprès des représentants de la Nation, nous avons
exposé notre cause en toute confiance. L'initiateur de la
réforme, M. Ribot, nous a reçus et nous a encouragés ;
M. Georges Leygues a bien voulu nous dire qu'il défen-
drait toujours les décisions de 1902 ; l'honorable rapporteur du budget de l'Instruction publique, M. Massé,
ne nous a pas ménagé les preuves de sa bienveillance ;
enfin, le débat contradictoire institué devant la Com-

mission parlementaire de l'enseignement où nous sentîmes que nous avions décidément l'avantage, fit cesser toutes les incertitudes. La réaction contre la réforme de 1902, tentée par le projet Symian, était enrayée et le rapport de cet honorable député était repoussé à une quasi unanimité. D'autre part, au Sénat M. Lintilhac, dans son rapport, affirme ses sympathies pour cette réforme.

« Le maintien de notre assimilation aux professeurs de collège, a été le but constant de toutes nos démarches. Devant la Commission parlementaire de l'enseignement, il ne semble pas que notre thèse ait rencontré quelques résistances. Les entretiens particuliers que nous avaient accordés MM. Sarrien et Leygues et d'autres parlementaires n'étaient pas pour nous décourager. Enfin, les termes très clairs du rapport de M. Massé, confirmant les études des amicales Hoche et Condorcet, mirent le bon droit de notre côté à ce point que le Ministre lui-même disait à la tribune de la Chambre : « Je reconnais bien volontiers que les ciruclaires qui ont commenté les décrets (1891 et 1897), ont établi d'une façon catégorique, l'assimilation ». .

« Sur la question des conseils universitaires, notre avantage n'a pas été moins réel. L'heure est enfin venue de tenir les promesses faites, il y a 8 ans bientôt.

« En somme, Messieurs, comme vous pouvez en juger par ce rapide aperçu, les résultats obtenus cette annéé sont très encourageants. Ils sont la récompense de votre discipline et de la rapidité de votre action.

« Les membres du bureau sortant se tiennent comme très satisfaits d'avoir eu l'honneur d'être les prémiers, par votre choix, dans la bataille que vous livriez à la routine ; ils en sont en même temps joyeux, car ils ont l'intime satisfaction de constater que leurs efforts ne sont pas restés vains, ce qui arrive quelquefois malgré toute la peine que l'on se donne.

« Lors du débat du 7 février dernier, ils ont reçu d'un peu partout des louanges qu'ils ont acceptées comme le meilleur des encouragements, mais qu'ils ont fait remonter immédiatement aux hommes qui, devant le pays, avaient pris hautement notre défense.

« C'est, en effet, à Veber qu'appartient le tribut de notre reconnaissance. C'est lui qui, pendant deux séances très difficiles, a mené la rude bataille, d'où la victoire complète est sortie affirmée. Nous ne lui ménagerons pas ce soir les témoignages de notre gratitude. Nous n'aurons garde d'oublier Albert Sarraut, aujourd'hui sous-secrétaire d'Etat à l'Intérieur, qui apporta l'aide de son éloquence pour faire rendre justice aux Parisiens brimés ; Emile Favre, qui n'a pas mis son drapeau dans sa poche et qui, en pleine Chambre, a continué de nous appeler ses collègues ; Paul Constans, l'ami des jours difficiles ; Abel Lefèvre, dont l'intervention en notre faveur fut un des débuts.

« Dans vos circonscriptions respectives, vous avez déjà remercié les hommes qui ont été pour nous de précieux auxiliaires. Vous continuerez à vous tenir en rapports étroits avec eux, car nous n'avons pas le droit de dormir. Le progrès, dans l'Université, ne doit pas, ne peut pas se faire sans nous. J'ose dire même que dans l'enseignement secondaire, c'est par nous qu'il doit être réalisé.

« Aussi, mes chers camarades, quels que soient les hommes que vous mettiez à votre tête, vous leur donnerez votre confiance entière, et leur assurerez ainsi, par votre étroite union, un instrument solide de victoire.

« Dans chacune des vos fédérations, vous veillerez à ce qu'aucune des amicales ne se désintéresse des affaires communes ; vous aplanirez les difficultés qui, quelquefois, naissent entre les hommes d'action moins à cause de la différence profonde de leurs idées que de celle de leur tempérament.

« Enfin, vous n'oublierez pas votre vaillant journal « *L'Avenir universitaire* ». Depuis un an, vous lui avez assuré une vitalité qui a troublé quelque peu nos adversaires et lui valut quelques animosités qui l'honorent. Vous continuerez à en être les vrais collaborateurs, les vrais inspirateurs. Vous lui assurerez largement les ressources matérielles qui lui permettent de n'être pas à la merci de cotisations éventuelles.

« Avant de déposer nos pouvoirs, qu'il soit permis à votre secrétaire-général, au nom du bureau, d'exprimer le vœu ardent que les difficultés nouvelles nées des événements de chaque jour, soient pour la Fédération nationale l'occasion de nouvelles victoires et de nouveaux progrès. » *(Vifs applaudissements).*

Perrette est chargé par l'amicale de Toulon de féliciter et de remercier le bureau pour les résultats qu'il a obtenus et la peine qu'il a prise.

Leroy commence une déclaration semblable au nom de Lille ; « au nom de tous », lui crie-t-on de divers côtés, et c'est au milieu des applaudissements unanimes que le rapport du secrétaire-général est adopté.

Participation au Congrès des secondaires

Le Président donne la parole au docteur Poirrier, du lycée Montaigne.

M. Poirrier, rappelle que, dès le 16 juillet 1905, au nom de l'Amicale de Montaigne, il a présenté au Congrès de la fédération régionale parisienne, une motion tendant à l'adhésion. Par un vote de ce congrès, l'Amicale de Montaigne, chargée d'étudier la question, concluait à l'adhésion, à la suite d'une enquête faite dans tous les groupes adhérents. Le Congrès du 2 novembre, après avoir entendu les objections de M. Raby, adopta à l'unanimité des votants les conclusions du rapport, et décida que ce vote serait notifié aux bureaux des fédérations régionales et de la fédération nationale. L'*Avenir universitaire* a, d'ailleurs, publié ce vote et l'a ainsi porté à la connaissance de tous les professeurs-adjoints. La question, ajoute Poirrier, est donc préparée de longue main et certainement les délégués arrivent au Congrès national avec des idées arrêtées et peut être avec des mandats impératifs, en sorte que ce n'est plus l'heure des longs discours, mais il importe cependant que la question soit nettement posée. En quelques mots, Poirrier retrace l'état d'esprit des délégués au Congrès du 20 avril 1905, lorsque le Congrès des professeurs réuni en même temps, témoignait, par ses votes, de sentiments hostiles au professorat-adjoint et des préventions très vives contre le corps des répétiteurs, le refus d'assister, en tant que fédération nationale, au Congrès des secondaires et l'ajournement de l'adhésion à la fédération générale des secondaires qui en fut la conséquence. Il reconnaît que, toute raison de sentiment mise à part, il pouvait y avoir à ce moment quelque imprudence à entrer dans une fédération générale encore en état de gestation et dont les statuts n'existaient pas ; qu'on pouvait craindre, en effet, de voir sortir de délibérations où les professeurs seraient en grande majorité, des statuts contraires aux intérêts des professeurs-adjoints et répétiteurs, et que l'on risquait par là de préparer des verges pour se faire fouetter.

Mais le lendemain de la clôture des Congrès particuliers, la situation a subitement changé. Le 22 avril au soir, le Congrès général des secondaires, auquel assistaient quelques répétiteurs, soit comme délégués de groupes partiels (amicales ou fédérations régionales), vota des statuts qui ôtaient tout motif de crainte. Les articles 1 et 4 ouvraient largement la porte de la fédération aux répétiteurs et leur y donnaient la parité de situation, en prenant pour unité fédérative chaque fédération nationale particulière, et l'article 10 mettait la fédération nationale des professeurs-adjoints et répétiteurs à l'abri de toute entreprise nuisible de la part d'une des autres fédérations nationales ou de plusieurs de ces fédérations coalisées, en édictant que les délibérations ne seraient prises qu'à l'unanimité des voix, chaque fédération disposant d'une voix.

Le danger réel étant écarté, il ne restait plus pour justifier l'abstention ou le refus d'adhésion que les raisons de sentiment : la mauvaise humeur créée par les mauvais procédés antérieurs et entretenue chez un certain nombre de collègues, par la persistance de l'attitude hargneuse de certains professeurs à leur égard. Il a semblé à la Fédération parisienne que les cas de ce genre, si nombreux, si aigres qu'ils puissent être, ne devaient pas faire méconnaître l'effort — louable en somme — réalisé aux Congrès des secondaires, par les professeurs écoutés de leurs collègues, pour faciliter, sinon l'union encore certainement prématurée, du moins l'entente entre les deux catégories d'enseignants ; il lui a semblé que les professeurs ayant fait un pas vers nous, nous ne pouvions refuser de faire un pas vers eux, sans encourir le reproche de vouloir systématiquement la division et la guerre.

Puis, l'orateur prévoyant certaines objections qui peuvent être opposées à sa thèse, les formule pour y répondre d'avance :

1° Une méfiance réciproque, dira-t-on, viciera fatalement les travaux d'une Fédération théoriquement utile, mais où on ira avec l'intention d'y jouer un rôle tout négatif et avec des arrière-pensées d'obstruction systématique ;

2° Nous courrions le risque de concessions dangereuses ;

3° Nous ne trouverions aucun appui pour nos revendications spéciales.

A la première objection, l'orateur répond que, si la fédération des professeurs-adjoints arrive dans la fédération générale avec la pensée d'empêcher le vote de motions contraires à ses intérêts particuliers (rôle négatif), elle y arrive aussi avec la volonté d'y défendre en commun les intérêts communs à tous les fonctionnaires de l'Enseignement secondaire, promotions, retraites, etc., qu'elle y arrive encore, comme les groupes de la Fédération parisienne des P. A. sont arrivés à la fédération des maîtres de l'enseignement secondaire, avec la pensée que la conversation sur un terrain neutre, indépendant des groupements corporatifs particuliers, est très propre à améliorer les rapports, simplement en mettant les gens à même de se mieux connaître les uns les autres (rôle bien positif). Quant au risque de concessions dangereuses, vraiment sommes-nous des enfants capricieux à qui un hochet fait oublier dans un sourire, l'objet qu'il exigeait un instant auparavant avec des gesticulations et des cris de colère ? Ayons meilleure opinion de nous-mêmes.

Enfin, la Fédération générale des secondaires n'est point faite pour donner un appui à nos revendications spéciales pas plus qu'aux revendications spéciales des professeurs, il serait excessif de le lui demander ; mais par contre elle peut, si nous restons en dehors d'elle, donner un appui aux revendications spéciales des professeurs les plus contraires à nos intérêts.

En résumé, l'adhésion à la Fédération générale des secondaires, ne peut nous nuire en aucune sorte ; elle peut nous servir au moins moralement ; le refus d'adhésion peut au contraire nous nuire matériellement et moralement. Avant donc de parler de groupements plus vastes auxquels il est permis de songer à s'affilier plus tard, après étude sérieuse, il est bon, il est sage d'adhérer dès aujourd'hui à la Fédération générale des secondaires.

VIGNOL conteste l'opinion de Poirrier en ce qui concerne la sécurité donnée par les statuts actuels de la fédération générale. Les statuts ne sont pas intangibles. Il faudrait qu'ils le fussent. Aussi, avant d'y adhérer d'une façon définitive, serait-il prudent de prendre toutes les précautions pour qu'ils ne soient pas changés.

PERRETTE, personnellement, est partisan de la participation.

BELLENGER annonce que la réponse dans la Fédération de Normandie a été « non, à aucun prix » En conséquence, il ne votera pas la participation. D'ailleurs, à son avis, la situation n'a guère changé depuis un an. Les professeurs sont restés des adversaires acharnés, haineux, comme l'écrivent certaines amicales, qui combattent par tous les moyens les revendications essentielles des répétiteurs, comme l'Assimilation et le professorat-adjoint. Aussi, l'union avec de pareils adversaires, loin d'augmenter notre force, ne saurait que l'énerver.

Patte, au nom de la Fédération parisienne, soutient la participation, pour les mêmes motifs que Poirrier. Cela ne l'empêche pas de signaler une incorrection du président de la commission exécutive de la Fédération générale, qui n'a pas daigné communiquer officiellement au bureau de la Fédération des professeurs-adjoints l'ordre du jour du congrès général.

Pinet est hostile à la participation. Le Congrès des secondaires lui inspire peu de confiance. Son aide lui paraît inefficace. Il préfère que l'adhésion ne soit pas votée, car elle pourrait nuire à notre union. Certaines amicales, plutôt que de risquer un rapprochement avec les professeurs, préféreraient se séparer de la fédération nationale des professeurs-adjoints et il serait curieux alors de voir les répétiteurs préférer à l'union avec leurs propres collègues, celle que l'on discute en ce moment. A l'heure actuelle, participer semblerait abdiquer.

Engelhard tient à faire remarquer que du fait de participer au congrès des secondaires, il ne s'en suit pas fatalement que nous abandonnons nos revendications et notre travail particulier. Il s'élève contre la menace de scission apportée par Pinet.

Baron ne veut pas suivre Poirrier dans ses développements, mais aux raisons que celui-ci a énumérées, justifiant notre abstention de l'année passée, la question du professorat-adjoint et l'admission des répéti-trices à ce congrès, il y en a une autre qu'il faut souligner : l'arrogance et la mauvaise foi de certains professeurs, du plus grand nombre même. Pour s'en rendre compte, il n'y a qu'à consulter les articles parus dans la *Solidarité*, sous la signature de Testis et autres. Eh bien, du moment que l'attitude des professeurs à notre égard ne s'est pas modifiée, nous ne devons ni ne pouvons changer la nôtre à leur égard. Tout ce que nous avons obtenu jusqu'ici, nous l'avons obtenu sans eux et contre eux et par notre seule force. Nous devons donc continuer à agir en dehors d'eux. C'est pourquoi je demande à mes collègues de ne pas assister au congrès des secondaires où nous n'avons que faire.

CHAMPION n'a jamais été hostile à la participation au congrès des secondaires et tient à rectifier les paroles que lui a prêtées le compte-rendu du dernier congrès, page 19. Il a toujours préconisé l'entente avec les professeurs qui, une fois réalisée, serait féconde en résultats. Si l'administration de l'enseignement secondaire trouvait en face d'elle une union étroite de tous les fonctionnaires, elle ne pourrait plus opposer sa force d'inertie à nos justes revendications. On obtiendrait un avancement plus régulier et la question des retraites pourrait être soumise à une étude impartiale. Dans cette lutte commune, professeurs et répétiteurs apprendraient à mieux se connaître, et les questions qui les divisent tomberaient d'elles-mêmes, le jour où les professeurs ne verraient plus à notre relèvement un danger.

Toutefois, l'entente avec les professeurs n'est désirable qu'autant qu'elle ne porte pas atteinte à l'union de tous les répétiteurs.

LACAZE, au nom de Bordeaux, serait, en principe, partisan de la participation. Malheureusement, par leur façon d'agir, les professeurs de province cherchent à rendre toujours plus profond le fossé qui nous sépare ; la plupart d'entre eux veulent ignorer les répétiteurs, — notre dignité nous commande de n'avoir pas l'air de courir après eux.

RABY explique pourquoi il s'est détaché de l'idée de l'union avec les professeurs. Cette union nous faisait jouer un rôle de dupes. A l'heure actuelle, elle ne pourrait être établie que sous conditions. Il serait indigne de nous, d'aller avec des gens qui sont de mauvaise foi. Les fédérations mixtes n'ont rien fait. Ainsi, la fédération mixte de Paris a adopté un vœu tendant·à notre introduction dans les conseils d'administration. Cela n'a pas empêché les professeurs de biffer dans leur fédération spéciale cette disposition. Donc, pas d'union avec les professeurs.

LEROY, au nom de Lille, juge la participation prématurée. Il faut attendre que les conditions actuelles changent.

RIPAULT explique pourquoi, avec Engelhard, il a déposé un ordre du jour tendant à la participation. Il rappelle que c'est l'A. Louis-le-Grand dont il fait partie, qui la première, donnant l'exemple, préconisa l'union avec les professeurs. A cette époque il eut la joie d'être suivi par des hommes comme Raby, comme Piatier, qui déposait même à la fédération parisienne un ordre du jour invitant toutes les amicales à s'unir avec les professeurs. Depuis, les opinions ont changé, à la suite surtout de la campagne contre le professorat adjoint. Lui, a gardé la sienne. Quand il demandait qu'on entrât dans les amicales mixtes, c'était avant tout pour empêcher une lutte mauvaise, ensuite pour travailler ensemble à élucider les questions communes et en trouver les meilleures solutions. Le programme d'aujourd'hui est le même. De part et d'autre, les méfiances doivent s'éteindre, les souvenirs de lutte s'apaiser. Nous avons le droit d'être indulgents et de ne pas nous arrêter à quelques criailleries. Dire que nous serons humiliés en paraissant au congrès des secondaires, c'est oublier que nous sommes les vainqueurs de l'année et que des vainqueurs ne baissent pas la tête. Quant aux périls que l'on vous a signalés, ils sont imaginaires. Notre bloc ne s'effritera pas au contact passager des professeurs.

PIATIER. — « Je ne suis nullement un détracteur de l'union comme Ripault, mal informé, le prétend. Seulement avant de le faire, il faudrait nous dire sur quelles bases on prétend l'établir. Les professeurs repoussent le professorat-adjoint de MM. Ribot, Bourgeois et Leygues, et, sur ce point, les répétiteurs sont résolus à ne pas transiger. A cause de cela, les professeurs ont refusé à peu près partout l'entrée de leurs amicales aux répétiteurs, qu'ils ont traités en ennemis. Je crois que l'union ne sera fructueuse pour nous que lorsqu'elle aura été réalisée d'abord dans les Amicales ; il faut qu'elle vienne d'en bas, sinon elle sera précaire et à la merci du moindre incident parce que peu sincère et équivoque. Elle sera une gêne réciproque plutôt qu'un appui ».

FONTAINE tient à protester contre les paroles de Pinet qui a menacé d'une scission. Il y voit une intransigeance difficilement justifiable avec le principe même du congrès. D'ailleurs, dans les faits, cette intransigeance est aussi critiquable. Il ne s'agit pas de fonder une fédération mixte, — il ne s'agit que d'un congrès mixte, d'un congrès où l'union de tout le personnel secondaire peut se faire sur des revendications communes, ce qui serait très profitable à tous

BELLENGER. — « Il est certain que sur les retraites, les promotions, etc., nos vœux peuvent se rencontrer avec ceux des professeurs. Mais n'oublions pas que l'enquête qui e poursuit actuellement doit justement faire ressortir les revendications qui nous sont communes avec les professeurs. Ces revendications apparaîtront dès lors comme la volonté unanime du corps secondaire. Quel surcroît de force pourrait-il leur venir du fait d'avoir été délibérées et formulées dans les mêmes termes, dans un congrès des secondaires ?

On n'entend parler, depuis le commencement du début, que de fossé profond et de divisions absolues entre professeurs et professeurs-adjoints. Souvenons-nous que nous venons d'appeler nous-même l'attention du Parlement sur cette division. En le prenant comme arbitre, nous l'avons supplié de faire cesser au plus tôt un état de choses si préjudiciable à l'intérêt des élèves. N'allons-nous pas, en prenant part au congrès des secondaires, faire croire que l'harmonie est sur le point, je ne dirai pas de se rétablir, mais d'exister entre professeurs et répétiteurs, et retarder d'autant le prononcé de la sentence, c'est-à-dire le décret qui doit nous affranchir définitivement ?

M. POIRRIER déclare que, dans les discours qui viennent d'être prononcés, il ne voit aucun argument contre sa thèse, aucune objection à laquelle il n'ait d'avance répondu ; il adjure ses collègues de faire abstraction des procédés fâcheux qu'ils peuvent avoir à reprocher individuellement, ou dans leurs groupes locaux, avec les professeurs, pour ne tenir compte que de l'intérêt général de la corporation. Il s'élève énergiquement contre la manœuvre qui consiste, alors qu'il s'agit d'une question d'opportunité et non d'une question de principe fondamental, à peser sur l'Assemblée, en déclarant que tel groupe se retirera de la Fédération, si un vote contraire à son opinion est émis par la majorité.

La conviction profonde de l'Amicale de Montaigne, de la Fédération régionale parisienne, est que l'adhésion devrait être votée, que la refuser ou la différer serait une faute grave et, cependant, ces groupes, qui savent ce qu'ils doivent à la discipline, se soumettront s'ils sont mis en minorité, quittes à travailler pour conquérir ensuite la majorité.

PINET, répondant particulièrement à Poirrier, déclare qu'il n'a pas eu l'intention de peser sur le vote de l'Assemblée, mais qu'il lui appartient de faire entrevoir les risques d'une scission entre répétiteurs. « Il n'y a pas si longtemps, dit-il, que l'union s'est faite entre nous ; allons-nous la compromettre à cause des professeurs ? »

LE COQ n'a pas reçu un mandat impératif sur cette question. Mais, dans l'Académie de Rennes, les Amicales de professeurs et les Amicales de répétiteurs s'ignorent ou sont hostiles. Dans certains lycées, à Nantes par exemple, les professeurs ont constitué leur amicale avant que les répétiteurs aient organisé la leur. Eh bien, à aucun moment, les professeurs de Nantes n'ont songé à discuter avec les répétiteurs et surtout à leur offrir d'entrer dans l'Amicale qu'ils venaient de fonder. Dans d'autres lycées, à Rennes notamment, quelques rares conversations se sont engagées sur les questions professionnelles. Dans chacune de ces conversations, les professeurs ont conclu que les répétiteurs étaient trop exigeants ou se sont montrés purement et simplement hostiles à nos revendications. Dans ces conditions, Le Coq votera contre la participation au Congrès des secon daires dont, d'ailleurs, les répétiteurs ne connaissent pas l'ordre du jour et auquel ils n'ont pas été convoqués.

Raby signale un nouveau danger créé par la participation à un congrès dont on ignore l'ordre du jour. Des vœux peuvent être déposés à l'improviste et sans trop avoir réfléchi à leurs conséquences, entraînés par un mouvement généreux, nous pourrions les voter. Cela nous est arrivé à la Fédération mixte de Paris, au sujet de la nomination des chargés de cours. Cela nous arriverait encore. Il ne faut pas tomber dans le piège... L'union avec les professeurs ne peut servir qu'à favoriser quelques ambitions individuelles.

Poirrier. — « La Fédération générale étant devenue statutairement une fédération de fédération nationale, ne pouvait envoyer de convocation à aucun groupe de professeurs-adjoints autre que la Fédération nationale des professeurs-adjoints. Or, la Fédération des professeurs-adjoints ayant explicitement refusé son adhésion à la Fédération générale, celle-ci ne pouvait décemment lui adresser une convocation. C'eût été une démarche que nous aurions eu le droit de juger ou trop humble, ou trop hautaine.

Engelhard et Danger, en termes vifs, protestent contre les dernières paroles de Raby, visant les ambitions particulières. Il faut s'expliquer nettement sans chercher à jeter la suspicion sur un collègue par un procédé condamnable.

Raby explique qu'il a parlé à un point de vue général. Enfin, après une intervention de Vignol, qui est persuadé qu'adhérer au Congrès des secondaires signifie l'abandon de toutes nos revendications, on passe au vote.

Contre la participation, 797 voix (1).
Pour la participation, 362 voix.

Il reste à voter sur l'ordre du jour déposé par Baron, motivant longuement le refus d'adhérer au Congrès des secondaires.

Fontaine et Danger le combattent, et Baron le retire devant la motion nouvelle de Reybaud et Guillo ainsi conçue :

« *La Fédération nationale, regrettant que les raisons morales qui, l'an dernier, l'ont empêché d'adhérer au Congrès des secondaires subsistent encore, passe à l'ordre du jour.* »

Poirrier critique cette motion.

Ripault prie ceux qui ont voté pour la participation de ne pas s'opposer plus longtemps à l'adoption de l'ordre du jour Reybaud. Les raisons morales qui y sont invoquées sont des raisons sentimentales, des raisons que la raison ne connaît pas. En amour, on ne discute pas. On aime parce qu'on aime, voilà tout, et ça doit suffire. (*Rires et applaudissements*).

A mains levées, l'ordre du jour Reybaud-Guillo est adopté.

La séance est levée à midi.

----

(1) Ont voté contre la participation : Bordeaux, Caen, Clermont, Grenoble, Lille, Lyon, Nancy (1 v.), Poitiers, Rennes, Toulouse. Dijon, Aix, Troyes, Saint-Quentin, Charlemagne, Henri IV, Hoche, Carnot, Janson-de-Sailly.

Ont voté pour : Paris, Montpellier, Nancy, Poitiers (5 v.), Toulouse, Algérie, Reims, Louis le-Grand, Saint-Louis, Michelet, Montaigne.

Le Congrès n'a pas adopté.

2ᵉ SÉANCE DU VENDREDI 20 AVRIL

La séance est ouverte à 2 heures par GUIGNARD, président.

Il donne la parole à Patte pour un projet de résolution.

PATTE propose d'envoyer, au Congrès des répétiteurs de collège, deux délégués chargés de les assurer de la chaude sympathie de leurs collègues des lycées. La proposition de Patte est accueillie par des applaudissements et le Congrès le désigne, ainsi que Bellenger, pour se rendre chez les représentants des collèges.

L'Assimilation

Avant de commencer la discussion de cette importante question, le président GUIGNARD l'expose telle qu'elle se présente à l'heure actuelle.

Il rappelle que l'ordre du jour, voté par l'unanimité de la Chambre à la suite de l'interpellation d'Adrien Veber, est impératif et catégorique. Le Congrès n'a donc à se préoccuper que des mesures qui pourront faciliter et hâter l'application de cet ordre du jour. (*Approbation*).

CHAMPION demande s'il est bien nécessaire d'entamer

de longues discussions sur une question qui apparaît à tous très nette. Il voudrait qu'on ne se perdît pas dans des considérations théoriques. Pour lui, après les débats de la Chambre, il importe surtout d'examiner le côté pratique. Il faut aboutir le plus tôt possible et pour cela ne négliger aucune démarche.

Huc donne lecture d'un travail établi par ses soins, au nom de l'Amicale Condorcet.

Ce rapport est formé de trois parties :

1° La question légale, dans laquelle sont rappelés tous les décrets et circulaires officielles établissant l'assimilation ;

2° La question morale qui résume de la façon la plus complète toutes les objections que l'on a soulevées contre l'assimilation, et les réponses à ces objections ;

3° La question financière, où l'on montre que les bénéfices résultant de l'application de la Réforme de 1902, sont plus que suffisants par eux-mêmes pour assurer l'assimilation dans toute son intégralité.

La marche serrée de l'argumentation, les preuves alléguées et tombant l'une sur l'autre comme un château de cartes, la sincérité de ce travail, produisent sur l'assemblée une impression profonde. Comme le dit Huc, nos amis du Parlement verront sous toutes ses faces et connaîtront enfin cette question que nos adversaires ont trop cherché à obscurcir : Tout l'avenir du Répétitorat en dépend.

La conclusion est saluée par les applaudissements unanimes de la salle.

Ripault, pour ne pas éterniser la discussion, verse aux pièces annexes un rapport de Ricaud, de Nîmes, qui, en quelques pages, a synthétisé les arguments sur lesquels l'assimilation est fondée.

Buisson, tout en rendant hommage au travail de Huc et au labeur qu'il prouve, voudrait que l'auteur insistât davantage sur notre droit absolu à l'assimilation. Il trouve que ce point n'est pas suffisamment souligné et que le travail de Condorcet ressemble trop à un plaidoyer pour obtenir quelque chose que nous avons déjà en principe.

Fontaine, faisant remarquer que M. Léon Bourgeois en commentant le décret du 28 août 1891, dit que « de part et d'autre (dans le répétitorat et le professorat des collèges) une fois le premier pas accompli dans la carrière, il faut accorder égalité d'avantages à égalité de titres » et que M. Georges Leygues, dans sa lettre à M. Ribot, dit que « le répétitorat devient pour les répétiteurs une carrière équivalente à celle des professeurs de collège » dépose la motion suivante : « Les carrières de professeur-adjoint et de professeur de collège sont des carrières parallèles et équivalentes que chacun choisit librement selon ses goûts et ses aptitudes particulières ».

Doumerc remarque que cette motion n'est que la constatation de ce qui existe actuellement. Elle lui semble inutile.

Lacaze objecte à Fontaine qu'il serait à craindre que l'on ne donnât aux uns des classes seulement et aux autres seulement des études.

Pour Patte, la théorie de Fontaine empêcherait un professeur de devenir professeur-adjoint, malgré son désir. Car il faut que les pièces soient interchangeables.

Raby voit une erreur plus grave dans le système proposé par Fontaine. Les carrières qu'il envisage sont parallèles. Nous ne le voulons pas. Nous préconisons la fusion.

Reybaud fait remarquer que la discussion s'élargit tellement que l'on oublie l'assimilation pour le professorat-adjoint. Une telle méthode ne conduit à rien. Examinons l'assimilation dans son caractère financier. Nous avons à affirmer que c'est notre propriété. Affirmons-le. Déclarons que l'amorce de 20.000 fr. votée dans le dernier budget doit-être complétée par des crédits suffisants en 1907. Voilà ce qu'importe pour le moment. *(Applaudissements)*.

Baron se rallie complètement aux observations de Reybaud. Il dépose un ordre du jour ainsi conçu : « Les professeurs-adjoints et répétiteurs ayant les mêmes titres que les professeurs de collège et remplissant des fonctions équivalentes, sont définitivement et complètement assimilés à ces derniers. L'assimilation complète entre ces deux ordres de fonctionnaires déjà décrétée en 1891, confirmée dans la suite par des décrets et des circulaires ministérielles et le vote du Parlement des 8 février et 7 avril 1906, constitue pour les professeurs adjoints et répétiteurs une « propriété légale ».

Vignol croit qu'il n'est pas inutile de justifier à nouveau cette assimilation et que, si on le fait, ce n'est plus seulement une question financière, ce sont les fonctions mêmes des bénéficiaires qui sont en cause.

Le Coq rappelle que le Ministre a promis de demander au mois de juin de nouveaux crédits pour l'assimilation.

Ripault demande que la discussion soit claire. Il est pleinement d'accord avec Buisson pour trouver que le rapport de l'amicale Condorcet ressemble trop à un plaidoyer écrit à l'époque où le principe de l'assimilation était contesté, et non pas à une époque où il est devenu incontestable. Il demande, en conséquence, que le rapport subisse une mise au point dans ce sens avant d'être livré à l'impression.

FONTAINE retire son ordre du jour en promettant de le déposer de nouveau lors de la discussion du professorat-adjoint.

SENTENAC n'admet pas la manière dont l'administration a procédé à l'assimilation des professeurs de collège aux chargés de cours. Elle a fait dégringoler tous les professeurs de deux classes. Le moyen était simple. Mais ce n'est pas l'assimilation. Il ne s'est pas aperçu que, dans le rapport de l'amicale Condorcet, on ait mis en lumière cette pseudo assimilation et proposé un moyen d'y remédier. En conséquence, il dépose un ordre du jour dans ce sens.

VIGOT en dépose un aussi, ainsi que PINET, puis FLATIER et PATTE.

Pour la clarté de la discussion et sur la demande du Président, Vigot, Pinet et Sentenac retirent leurs ordres du jour. Il ne reste plus à voter que sur l'ordre du jour Baron et sur l'ordre du jour Piatier-Patte.

A mains levées, l'ordre du jour Baron est adopté ; la première partie de l'ordre du jour Piatier-Patte, faisant double emploi avec l'ordre du jour Baron est retirée, la seconde est adoptée

L'ensemble est ensuite voté à l'unanimité. Il est ainsi conçu :

« *Les professeurs adjoints et les répétiteurs ayant les mêmes titres que les professeurs de collège et remplissant des fonctions équivalentes, sont définitivement et complètement assimilés à ces derniers. L'assimilation complète entre ces deux ordres de fonctionnaires, déjà décrétée en 1891, confirmée dans la suite par des décrets et des circulaires ministérielles et le vote du Parlement des 8 février et 8 avril 1906, constitue pour les professeurs-adjoints et répétiteurs une « propriété légale » (Baron).*

« Le rapport de l'amicale Condorcet relatif à la question de l'assimilation sera imprimé au plus tôt et distribué à tous les membres de la commission extra-parlementaire instituée au ministère de l'Instruction publique, ainsi qu'à toutes les amicales des lycées » (Piatier-Patte).

RABY demande que l'on fasse éditer la brochure Condorcet comme supplément de l'*Avenir universitaire.* Cela coûterait moins cher comme impression et envoi.

GUIGNARD ne croit pas qu'il soit bien pratique de distribuer aux parlementaires le supplément de l'*Avenir universitaire.*

BAILLON propose que le rapport Condorcet soit imprimé en brochure comme le précédent, parce que, à son avis, c'est la seule forme qui convienne à donner à un document pareil destiné aux parlementaires.

La proposition de Baillon est adoptée.

Huc s'offre à s'occuper des détails.

RABY souhaite que la brochure soit du format de l'*Avenir universitaire* pour la faire relier avec lui.

Visite des Répétiteurs de Collège

Entre temps, le Président de la Fédération des collèges était entré dans la salle accompagné d'un de ses collègues. Le président Guignard lui ayant donné la parole, il donna lecture de la motion suivante :

« *Les délégués des amicales de répétiteurs de col·
lège, réunis en Congrès national au Lycée Louis-le-
Grand, remercient leurs camarades des lycées de leurs
témoignages de sympathie et leur donnent en retour
l'assurance de leur cordiale solidarité* ». *(Vifs applau·
dissements).*

GUIGNARD remercie nos camarades des collèges, leur
donne rendez-vous le soir, autour d'Adrien Veber, et
exprime l'espoir que de cette fête sortira l'union définitive.

Le Professorat-adjoint

Le Président donne la parole à Ripault.

RIPAULT commence par faire observer que le professorat-adjoint existe depuis quatre ans, qu'il fonctionne
dans tous les lycées sauf dans les lycées dits de faculté,
que, d'après le rapport du sénateur Lintilhac, il y a 405
répétiteurs participant à l'enseignement dont 199 licenciés et 228 bacheliers et que, cependant, par l'annonce
même de cette discussion, il semble que les intéressés
eux-mêmes ne savent pas au juste en quoi consiste l'institution nouvelle.

Cette situation bizarre a été créée d'abord par la campagne des professeurs titulaires ; — ensuite, par l'application faite dans les lycées autonomes par les administrateurs, — enfin, par les répétiteurs eux-mêmes.

Les professeurs ont constitué leurs amicales sur la
question du professorat-adjoint et contre la réforme de
1902. Ils l'ont fait en prenant le masque de défenseurs
de l'enseignement. En réalité, ils voulaient sauver leurs
leçons particulières qu'ils croyaient compromises, assurer
leur avancement à Paris, arrêté par nous à ce qu'ils ont

prétendu, échapper enfin à la récréation inter-classe, ce commencement de la fusion des fonctions. Pour s'attirer des défenseurs en dehors de l'université, ils ont posé le dilemme : le professorat-adjoint ne peut être qu'autonome ou auxiliaire. Et ils ont plaidé le professorat-adjoint auxiliaire, défigurant à plaisir le professorat-adjoint qu'ils affublaient de l'épithète équivoque d'autonome.

De leur côté, les administrateurs ont contribué à obscurcir les principes de la réforme de 1902 par l'application défectueuse qu'ils en ont faite dans beaucoup de lycées. D'abord effrayés et rendus timides par l'autorité nouvelle qui leur était départie, ils en ont usé bientôt pour essayer de se créer une réputation d'administrateurs de génie, en réalisant les économies les plus invraisemblables. La réforme de 1902 n'a plus eu qu'un sens économique. Et alors les attributions de classe, d'étude, le maximum de service, les corvées extra-légales, tout cela a été autant d'occasions de diminuer le chiffre de la note à payer par la caisse du lycée.

Enfin, l'action des répétiteurs eux-mêmes n'a pas été sans influence dans cette confusion. Après deux ans d'essai, notre collègue Raby, au nom de l'Association parisienne, se livrait à une enquête dont il dégagea quelques principes très clairs et qui sont encore aujourd'hui le fond de nos revendications. Ensuite, l'année dernière, notre camarade Garnaud, au nom de la même association, composait ce petit chef-d'œuvre que nous connaissons tous, où il donne, avec un grand luxe de références, les raisons qui militent en faveur de la participation des répétiteurs à l'enseignement.

Mais, depuis quelques mois, les principes se sont un peu obscurcis. D'une part, quelques répétiteurs délivrés du dortoir, ce vrai cauchemar, pensent à se rendormir paisiblement sans aucun souci de classes, — d'autre part, au contraire, quelques-uns, trop pressés, ne voulant pas compter avec le temps et désireux de brûler les étapes, se disent que le meilleur moyen de commencer la fusion des fonctions c'est de s'installer dès maintenant dans les chaires des professeurs du premier cycle.

Ripault combat l'une et l'autre tendance.

La première serait préjudiciable à tous, en donnant à quelques-uns des habitudes d'inertie contre lesquelles on ne saurait trop réagir. La nécessité de préparer quelques heures de classes est le meilleur préservatif contre la paresse intellectuelle. La seconde, à l'heure actuelle, est pleine de dangers. Elle met contre nous l'opinion qui n'est pas avertie et aussi nos amis qui ne sont pas encore familiarisés avec l'idée de fusion Il faut avertir l'opinion, prévenir nos amis, créer aussi un personnel qui réponde à la fonction. Cela demande encore quelques années.

Pour le moment, il faut user des éléments que nous avons et tenir compte des conditions actuelles. Partant de ce principe que la réforme Ribot est basée sur l'emploi de toutes les forces universitaires, il faut mettre toutes ces forces à contribution et n'en laisser sommeiller aucune. C'est de ce principe qu'est sortie l'idée du professorat-adjoint. Avant tout, le professeur-adjoint, par cela seul qu'il dirige une étude où les élèves rédigent les devoirs et apprennent les leçons données en classe, le professeur-adjoint est l'auxiliaire du professeur, même s'il prétend le contraire. Il l'est et doit l'être et, par conséquent, l'intérêt de l'enseignement exige, non pas que le professeur-adjoint soit soumis au professeur, mais qu'entre ces deux éducateurs l'entente règne.

Ensuite, dans les trois heures de classe assurées par le professeur-adjoint, celui-ci est son maître. Il est autonome. Il n'est contrôlé par aucun collègue et ne relève que de l'inspection générale.

S'il donne un enseignement de trois heures aux élèves mêmes qu'il a dans son étude, nous avons la fusion des fonctions, celle où nous devons nous tenir pour le moment, ce qui n'empêche pas d'en rêver une plus étendue. Nous restons dans la ligne tracée par J. Simon, en 1849, de Bourgeois, en 1891, de Leygues, en 1902

RIPAULT, en concluant, affirme que la majorité du congrès est de son avis, qu'elle verra dans la conception qu'il vient d'exposer la conception moyenne, la seule propre à ne pas sacrifier les bacheliers qu'on semble trop décidés à jeter par dessus bord, en oubliant qu'ils sont les plus nombreux dans la fédération et les plus nombreux aussi parmi les professeurs-adjoints actuels. Aussi, demande t-il que le professorat-adjoint ne soit affublé d'aucune épithète, que le titre de professeur-adjoint soit donné à tous, que l'organisation des études soit faite.

Enfin, s'expliquant sur l'inspection générale, il la demande pour les professeurs-adjoints, mais il la demande selon le droit commun et non avec le caractère exceptionnel que lui donne Piatier, qui, dans un récent article de l'*Avenir Universitaire*, la propose comme une sorte de nouvel examen d'après lequel on serait ou on ne serait pas professeur adjoint. L'inspection générale ainsi conçue serait le meilleur instrument d'arbitraire. Il permettrait de retirer d'une main ce qu'on accorde de l'autre. Aussi condamne-t-il une semblable proposition.

(Vifs applaudissements).

Piatier s'explique sur l'inspection générale. Il la demande parce qu'il la croit nécessaire pour répondre aux arguments des professeurs qui se posent en défenseurs de l'enseignement et de sa valeur.

Vignol est certain que la conception du professeur Lefèvre est pratiquement réalisable. Il n'y a qu'à remplir les conditions suivantes : limitation du nombre des heures de service du professeur-répétiteur à 20 h., — du nombre des élèves, dans une étude, à 25 h., — enfin, homogénéité des études.

L'autre conception du professorat-adjoint ne lui paraît pas pratique. Le professeur-adjoint ne peut pas être l'auxiliaire du professeur pour un motif très simple : c'est que les études ne sont pas organisées et qu'elles ne peuvent pas l'être.

Bellenger apporte le résultat de l'enquête à laquelle il s'est livré auprès des amicales de Normandie. Celles-ci ont exprimé le vœu que : 1° le Congrès revendique à nouveau pour tous les répétiteurs actuellement en exercice et le titre de professeur-adjoint et la participation à l'enseignement ; — 2° qu'il ne perde pas trop de temps dans les vaines discussions théoriques : il a été suffisamment parlé d'enseignement magistral, de professorat adjoint autonome ou auxiliaire, de fusion, etc.; — 3° qu'il étudie à fond les questions d'un intérêt pratique immédiat : durée du service hebdomadaire, distribution du service journalier; heures d'arrivées le matin et de départ le soir, repos de midi, etc., et formule énergiquement le vœu qu'un décret réglementant le service des répétiteurs d'externat ou professeurs adjoints, intervienne au cours des prochaines vacances.

D'après l'enquête faite en Normandie, il résulte que

tous les services actuellement existants peuvent être intégralement assurés en réglementant de la façon suivante le service du professorat adjoint : 1° un professeur-adjoint par 25 élèves ou fraction de 25 élèves, — 2° deux heures de classe par semaine, ces heures comptant double, — 3° 32 heures de service par semaine. Si l'on supprime les services inutiles ou qui n'incombent plus au professeur-adjoint, permanence, surveillance des cours de dessin, d'enseignement religieux, musique, etc., ce maximum peut être ramené à 28 h. ; — 4° arrivée le matin à 7 h 3/4 ou 8 h ; — 5° heure de départ le soir, à 7 h. ; — 6° repos pour le repas, deux heures.

Le délégué de Caen dépose sur le bureau le rapport de M. Auger, secrétaire-adjoint de la Fédération, sur les résultats de l'enquête menée au sujet de l'application de la réforme de 1902 en Normandie, et prie le Congrès d'en retenir les conclusions.

RABY présente et résume brièvement une étude sur les origines, l'évolution et l'avenir du professorat-adjoint. Il s'est efforcé d'y mettre en lumière le caractère foncièrement démocratique de la réforme de 1902, en dégageant notamment les causes de la transformation du régime intérieur des lycées et en insistant sur les principes qui ont servi à solutionner la question du répétitorat. Le professorat-adjoint actuel, ne peut avoir, à ses yeux, qu'un caractère momentané. La fusion des fonctions du professeur et du répétiteur représente le sens véritable de cette institution et la pensée précise de ses inspirations. En raison de ses avantages manifestes, elle est la base uniforme des divers projets de réorganisation de l'Université, successivement préconisés par MM. Lefèvre, Thalamas et Lanson.

Raby croit que la conception de M. Lefèvre est péda-
gogiquement et pratiquement la meilleure. Il faut s'y
acheminer progressivement. Néanmoins, le professorat-
adjoint, sous sa forme présente, constitue une transition logique et nécessaire. Il importe, toutefois, que son
organisation reste dorénavant conforme à la volonté du
Parlement et du Ministre, qui, sans équivoque possible,
ont eu l'intention d'associer tous les répétiteurs, d'une
manière autonome, à l'enseignement magistral.

Malgré les déclarations multiples de nos chefs et
l'excellence des résultats obtenus, l'opposition professo-
rale a réussi à entraver jusqu'ici l'essor normal de la
réforme. La circulaire du 7 août a un caractère nettement régressif ; elle a besoin d'être profondément modifiée et remplacée par un décret catégorique qui confirme le titre de professeur-adjoint, définisse avec
précision les fonctions nouvelles, abaisse le maximum
de service, règle définitivement la question des récréations d'interclasse.

En concluant, Raby soumet à l'approbation du Congrès un ensemble de considérants et de vœux.

Guénard approuve tout ce qui vient d'être dit, mais
il voudrait bien que l'on s'occupât un peu du service
d'étude pour lequel le professeur-adjoint est pris pendant 25 heures de la semaine.

Baron : « Je crois, mes chers collègues, que les critiques de notre camar. de Ripault sont en partie fondées.
Il me semble, en effet, que, du moins pour l'Académie de
Poitiers, si tous nos collègues professeurs-adjoints ne
demandent pas à être complètement déchargés de classes, tous cependant sont à peu près d'accord pour demander que le nombre de ces heures soit diminué et ramené
à 2 ou 3 heures au maximum.

C'est que tous reconnaissent volontiers que le rôle principal, primordial, du professeur-adjoint est et sera toujours de diriger le travail des élèves en étude. Et cela est juste, il faut en tenir compte.

Mais, à mon sens, on a trop demandé à être associé à l'enseignement pour venir aujourd'hui demander à en être complètement déchargé. Ce serait inadmissible, en même temps que tout à fait contraire à nos intérêts, puisque ce serait avouer nous-mêmes notre infériorité.

Si donc, l'administration nous charge d'une classe, acceptons-la, mais que la durée de notre enseignement ne dépasse pas deux ou trois heures, lesquelles seront toujours incorporées à notre service hebdomadaire, à raison de 1 heure de classe par 2 heures de surveillance. Et il va sans dire que, dans sa classe, le professeur-adjoint est absolument le maître. Il ne relève que de ses chefs directs et en aucun cas du professeur-titulaire.

Enfin, il est bien entendu que tous les répétiteurs, sans distinction de grades, seront à la rentrée prochaine nommés professeurs-adjoints. Et, à ce propos, laissez-moi, mes chers collègues, vous faire part d'une conversation tenue par deux personnages dont l'un occupe une très haute situation dans l'enseignement et dont l'autre est un répétiteur licencié. « Si vous ne demandiez, disait le premier, le titre de professeur-adjoint que pour les licenciés, la chose serait facile, mais vous êtes trop exigeants : vous le demandez pour tous les bacheliers ! ».
— « Comment, reprit le second, vous voulez que nous abandonnions nos collègues bacheliers ! que nous les sacrifiions alors qu'eux aussi ont rendu tant de services à l'Université ? Mais vous n'y pensez pas ! Ce serait une infamie et une trahison ! Nous nous y refusons. » —

J'ai tenu, mes chers collègues, à vous rapporter cette conversation, parce qu'elle montre bien l'écueil que nous devons éviter, en même temps qu'elle fait honneur au répétiteur qui y prit part ». (*Applaudissements*).

PERRETTE estime que le bureau est suffisamment éclairé par sa longue expérience des affaires et par la discussion complète qui vient d'être faite du Professorat-Adjoint, qu'il n'y a donc pas lieu de chercher à faire un accord complet et définitif dans les vœux qui seront présentés dans cette question si complexe. Au contraire, le bureau ayant fait preuve dans le courant de l'année précédente de la plus louable initiative, il y a lieu de lui laisser la plus grande latitude et de ne formuler que des vœux assez larges, ce qui est possible, puisque nous sommes tous d'accord sur le fonds.

CHAMPION demande que l'on prenne pour base de discussion des ordres du jour, l'ordre du jour de Piatier.

LACAZE parle de l'organisation des études. Dans une même étude, on ne mettra que des élèves de lettres, dans l'étude voisine des scientifiques. Certaines heures d'études seront consacrées aux devoirs de sciences, tandis que les élèves de l'étude voisine auront à faire les devoirs de lettres. Le professeur-adjoint littéraire, chargé de la 1re étude, passera alors dans la 2e ; le professeur-adjoint de la 2e, ira en 1re ; de temps en temps, les professeurs-adjoints spécialisés dans les langues vivantes iront dans toutes les études où leur présence sera utile.

RIPAULT remercie Lacaze d'avoir insisté sur l'organisation des études. A son avis, il faut la poursuivre dans tous les lycées. Dans la plupart, elle est possible. Il cite l'exemple du lycée du Hâvre où il avait organisé, il y a quatre ans, avec son collègue Badiou, deux études homogènes où, tour à tour, avec l'agrément de l'administration, ils se remplaçaient. Les résultats avaient été remarquables.

PIATIER cite des exemples par lesquels il est prouvé qu'une telle organisation n'est pas toujours très facile.

Il déclare, en outre, que pour hâter le vote sur les ordres du jour, il retire son projet de résolution dont les considérants sont à peu près analogues à ceux dont Raby a donné lecture. Cependant, il tient à insister sur ce point que c'est l'Amicale Hoche qui a eu l'idée de recourir à la circulaire du 2 août 1902, pour résoudre la participation des bacheliers à l'enseignement.

CHAMPION, en conséquence, demande que les considérants et les vœux lus par Raby, servent de base à la discussion.

Le président donne lecture des ordres du jour.

Le Congrès décide de prendre comme base l'ordre du jour Raby.

Le président donne lecture du considérant nᵒ 1, ainsi conçu.

Considérant : « 1ᵒ *Que la réforme de 1902 est justifiée par ses résultats, qu'elle présente un caractère nettement démocratique et est vraiment orientée vers l'avenir* ».

A mains levées, il est adopté.

« 2ᵒ *Que la fusion progressive des fonctions du professeur et du répétiteur, à l'exclusion des attributions spéciales au régime de l'internat, constitue l'idéal incontestable des inspirateurs et des auteurs de cette réforme* ».

Le président donne la parole à Bellenger qui a déposé l'amendement suivant, signé par Reybaud et Baron : *« Que le but de la réforme du professorat-adjoint est de faire participer à l'enseignement tous les répétiteurs dans le plus bref délai possible »*...

BELLENGER prie instamment le Congrès de ne pas adopter sans examen les considérants qui précèdent les vœux de Ruby. Il est prêt à voter les vœux, mais il ne veut pas faire siens quelques-uns des considérants. Il n'est peut-être pas exact, il est en tout cas dangereux d'affirmer que le but de la réforme de 1902 est la fusion des fonctions de professeur et de répétiteur.

Les partisans les plus convaincus de la fusion n'osent dire qu'elle soit praticable dans le 2e cycle. Ils reconnaissent que, pour ce cycle là tout au moins, il y a lieu de maintenir des spécialistes. Le Congrès agirait sagement en affirmant que l'essentiel du rôle du professeur-adjoint consiste dans l'éducation des élèves et dans la direction du travail en étude. La participation à l'enseignement dans une mesure très limitée n'a été demandée par les répétiteurs et n'a été reconnue souhaitable par le Parlement que dans la mesure où elle devait servir au relèvement moral de l'éducateur et pour permettre à ceux des professeurs-adjoints qui se destinent au professorat des collèges de se préparer à leur rôle futur.

La fusion, si elle est séduisante, ne nous intéresse pas immédiatement et n'intéressera jamais qu'une minorité d'entre nous.

Pour ces raisons, Bellenger demande que l'on reste sur le terrain pratique et il prie le Congrès de remplacer le considérant n° 2 par son amendement.

RABY tient à faire remarquer que son vœu n'émet pas

une idée nouvelle. A chaque ligne de son travail, il parle de la fusion des fonctions. Quant à la rédaction du vœu lui-même, il l'a empruntée à un professeur, M. Adrien Berger, qui, en termes identiques, l'avait formulé à la Fédération mixte de l'Académie de Paris. Pour le reste, Bellenger doit avoir satisfaction dans les autres considérants.

Bellenger maintient son amendement.

Vignol prie le Congrès d'adopter le considérant tel qu'il est présenté. Il faut une base solide à la réforme du professorat-adjoint.

Ripault propose de fondre ainsi le considérant de Raby et l'amendement de Bellenger : « *Que la fusion progressive des fonctions du professeur et du répétiteur, à l'exclusion des attributions spéciales au régime de l'internal, constitue l'idéal incontestable des inspirateurs et des auteurs de cette réforme et que le moyen pratique de le réaliser est de faire participer dans le plus bref délai possible tous les répétiteurs à l'enseignement* ».

Adopté.

Le président met aux voix le considérant n° 3 : « *Qu'il y a lieu de s'acheminer vers cette fusion dont les avantages pédagogiques sont manifestes et qui est la solution uniforme préconisée par les autorités universitaires les plus compétentes et les plus désintéressées.* »

(Adopté à mains levées et sans débat).

Le président lit le considérant n° 4, ainsi conçu : « *Qu'il convient en conséquence, de mettre dès maintenant à l'essai, dans quelques établissements autonomes, l'organisation mixte de M. Lefèvre, qui en est la réalisation la plus rationnelle, la plus pratique et la plus prochaine* ».

Ripault combat le considérant. Evidemment, il est la conclusion de la brochure Lefèvre, mais cela ne lui enlève en rien le caractère d'imprudence qui est le sien. En somme, par ce considérant, on propose un nouvel essai d'une nouvelle réforme alors que la première réforme n'est pas encore appliquée partout. De plus, on fait trop bon marché des agrégés de grammaire qui existent encore et qu'il faut employer. Enfin, on ne s'occupe et on ne peut s'occuper dans un tel projet que des licenciés. Cela implique l'abandon des bacheliers, puis la scission entre les deux ordres pour avoir tenté de mettre au service de quelques-uns bien placés, la force procurée par l'union de tous.

Ripault demande à Raby de retirer ce considérant.

Raby répond que, en rédigeant ce considérant, il s'est placé au point de vue de l'éducation et non à celui des bénéficiaires. En conséquence, il maintient le considérant n° 4.

Fontaine fait observer qu'il vaudrait mieux souhaiter que l'avancement naturel du professeur fut une nomination de chargé de cours

Champion croit qu'il ne serait pas opportun de préconiser, en cette période d'essais et de transition que nous traversons, des essais de fusion dans quelques lycées autonomes. « Sérions les questions et n'éparpillons pas trop nos efforts ; ne perdons pas de vue l'objet principal de nos discussions : l'organisation du professorat-adjoint. Qui trop embrasse mal étreint, on verra plus tard s'il y a lieu de demander la fusion ».

Ripault insiste de nouveau très vivement pour que la motion de Raby soit écartée. Proposer actuellement un essai de fusion de cette nature, c'est, à son avis, le meilleur moyen de la faire échouer dans l'avenir, sans compter les dangers immédiats qui s'en suivront et sur lesquels il s'est expliqué dans la discussion générale.

A ce moment, GUIGNARD, obligé d'aller donner ses derniers ordres pour le banquet, prie le Congrès de le remplacer à la présidence. Le Vice-Président Reybaud est désigné.

Le scrutin est demandé sur le considérant n° 4.

Il donne les résultats suivants : Contre : 784 ; pour : 249 ; abstentions 126.

Le considérant n° 4 n'est pas adopté (1).

Le Président Reybaud lit le considérant n° 5, qui devient le n° 4 :

Qu'en attendant il importe de donner aux répétiteurs actuels, pour leur faciliter leur tâche d'éducateurs, l'autorité morale du maître qui enseigne.

(Adopté à mains levées)

6ª Qu'en vertu de textes formels le professeur-adjoint doit être un professeur ainsi que son titre l'indique ; qu'il doit par suite participer à l'enseignement magistral, sous l'unique contrôle de l'inspection générale, laquelle concourant à la formation de son dossier, lui fournira un surcroît de dignité et d'indépendance.

Après un échange d'observations entre LOMBRY, BELLENGER et RABY, le considérant est adopté.

7° Que la circulaire du 2 août 1902 montre clairement qu'il est possible de donner à tous les répétiteurs

____

(1) Contre : Marseille, Bordeaux, Caen, Montpellier, Poitiers, Rennes, Toulouse, Algérie, Dijon, Reims, Troyes, Charlemagne, Louis-le-Grand, Saint-Louis, Henri IV, Michelet, Janson.
Pour : Paris, Clermont, Lille, Nancy, Hoche, Carnot.
Abstention : Grenoble, Chambéry, Lyon, Montaigne. Le Congrès n'a pas adopté.

d'*externat un service mixte d'enseignement et de surveillance, que tous doivent être, après avoir fait leurs
preuves, considérés comme professeurs-adjoints.*

BELLENGER et BARON s'élèvent contre l'inspection,
examen que semble contenir ce membre de phrases :
« après avoir fait leurs preuves ». Raby consent à sa
suppression et le considérant est adopté.

Le PRÉSIDENT met successivement aux voix les considérants 8 et 9, qui sont adoptés :

8° *Que l'absence de toute réglementation précise
permet aux administrations locales d'altérer les principes fondamentaux de la réforme afin de lui arracher
des combinaisons économiques, soit en morcelant à
l'excès le service des professeurs-adjoints, soit en leur
attribuant un nombre exagéré d'heures de classe et
d'heures de travail, soit en les obligeant, contrairement aux prescriptions ministérielles, à des services
de surveillance en dehors de celle des études ;*

9° *Qu'il est notamment illogique de relever moralement le répétiteur en lui accordant la participation à
l'enseignement et, en même temps, de ruiner son autorité par l'obligation d'assister certains professeurs
incapables d'assurer eux-mêmes la discipline ;*

Le Congrès émet le vœu :

Sur la proposition de RIPAULT, de BELLENGER et de
LACAZE, qui trouvent qu'on n'insiste pas assez sur la
nécessité d'un décret réglementaire remplaçant les vagues
circulaires :

« *Qu'un décret ministériel, publié avant le 1ᵉʳ octobre 1906, remplace les circulaires qui ne donnent que
des directions, étende la réforme de 1902 à tous les
établissements d'enseignement secondaire (lycées,*

collèges de garçons et de filles), et fixe le service du professeur-adjoint sur les bases suivantes :

1° *Les répétiteurs actuellement en exercice prennent le titre de professeur-adjoint à partir du 1er octobre 1906. (Adopté).*

2° *Les mesures restrictives de la circulaire du 7 août 1905 sont rapportées. (Adopté).*

3° *La circulaire du 2 août 1902 est appliquée dans sa lettre et dans son esprit. (Adopté).*

4° *Le maximum du service hebdomadaire des professeurs-adjoints et des délégués préparateurs est abaissé à 28 heures, comprises dans les intervalles de présence régulière des externes surveillés au lycée. (Adopté).*

FONTAINE propose comme adjonction ce vœu qui devient le 5° :

5° *La circulaire ministérielle du 14 Janvier 1905, réservant au milieu de la journée un intervalle de deux heures pendant lequel aucun exercice scolaire n'a lieu pour permettre aux externes de se rendre chez eux, de déjeuner et de revenir au lycée, est confirmée et strictement appliquée ; en conséquence, les professeurs-adjoints ont pour le repas de midi deux heures de liberté. (Adopté).*

6° *Le professeur-adjoint est dispensé de la surveillance durant les classes de dessin, de gymnastique, d'instruction religieuse ; — il est débarrassé de toute surveillance en dehors des heures de présence réglementaire des externes surveillés au lycée ; — il a droit au repos hebdomadaire du dimanche et aux congés des après-midi du jeudi.*

Le n° 6 est adopté, après quelques observations présentées par Guillo, Baillon, Méry, Leroy.

Le Coq, à propos de la récréation interclasse, fait part d'un incident survenu en mars dernier au lycée de Laval. Les professeurs ayant refusé de faire ces récréations et l'administration ayant fait venir les professeurs-adjoints pour assurer ce service, ceux-ci soumirent le cas au Recteur qui en référa au Ministre. Le ministre répondit au recteur : « Avec M. le Proviseur et conformément à votre avis, j'estime que l'administration collégiale peut confier certains mouvements à des répétiteurs dans des conditions indiquées par M. le Proviseur.

« Cette question des récréations d'interclasse ne peut être résolue que grâce à la bonne volonté de tous les intéressés, je suis persuadé que les répétiteurs se feront un devoir de donner des preuves de la leur ». Signé : Briand.

Raby raconte une histoire analogue qui se passa à Carnot.

7° Les professeurs-adjoints ne sont jamais chargés des mouvements et des récréations d'interclasses qui leur occasionneraient un dérangement spécial.

Tout mouvement est dirigé dorénavant par le maître de service immédiatement avant ce moment ; toute récréation d'interclasse est surveillée par le professeur chargé de la classe qui la précède. (Adopté).

A 6 h. 3/4, Reybaud lève la séance en donnant rendez-vous aux congressistes à l'Hôtel des Sociétés savantes, pour le banquet en l'honneur d'Adrien Veber.

SÉANCE DU 21 AVRIL 1906

Présidence de Guignard.

Le Président ouvre la séance à 9 h. 1/2.

Baillon dépose le vœu suivant, qui est adopté :

« Les remplacements des professeurs seront, dès le début de l'année, équitablement répartis entre les professeurs-adjoints ».

A celui-ci, au nom des représentants des fédérations de Montpellier, Alger, Bordeaux et Lyon, on ajoute :

« Le tableau de service des professeurs-adjoints sera dressé au début de l'année et affiché au même titre que celui des professeurs ; tout changement apporté en cours d'année sera notifié au Recteur de l'Académie ».

Les Surveillants d'Internat

Guignard lit une motion signée de Piatier, Baillon, Bornet, Huc, Pinet, Reybaud, Ripault, Patte, Modot, Jalby, et visant la surveillance d'internat :

« Considérant que la surveillance d'internat carrière ne peut se produire que si les proviseurs qui ont le libre choix des surveillants d'internat s'adressent de préférence aux jeunes gens qui se destinent à l'enseignement secondaire,

Le Congrès émet les vœux suivants :

1° Que les Proviseurs, selon l'idée de M. Léon Bourgeois, soient invités à prendre les surveillants d'internat « autant que possible dans la ville même », et, à défaut, à s'adresser de préférence :

a) Aux étudiants en droit, médecine, pharmacie, et aux boursiers de l'enseignement supérieur dans les villes sièges de Faculté ou d'Ecole supérieure de sciences et lettres, de médecine et pharmacie ;

b) Aux instituteurs-adjoints sortant des écoles normales primaires dans les autres villes ;

2° Que les surveillants d'internat soient assurés d'un minimum de salaire ;

3° Que les Proviseurs ne puissent en cours d'année se priver de leurs services qu'après avis du conseil de discipline et après en avoir référé au recteur.

PIATIER développe sa proposition. Il met le Congrès au courant des démarches faites par des professeurs auprès d'un député, qui a toujours été pour les répétiteurs un ami éprouvé, pour le prier de ne plus intervenir en leur faveur. Ces professeurs s'efforcent d'accréditer cette légende que l'institution des surveillants d'internat n'est autre que la résurrection de l'ancien pionicat, et que la réforme Ribot-Bourgeois-Leygues aboutit à la reconstitution d'un prolétariat nouveau dans nos lycées et collèges. L'accusation est grave : elle mérite de fixer notre attention. « Il est certain, et Paul Constans n'a pas manqué de me le faire remarquer, que si elle était fondée ce serait la faillite morale et matérielle de nos espérances ; morale, car nous nous serions grossièrement trompés ; matérielle, car nous cesserions de devenir intéressants devant la Chambre ; nous ne serions plus le « petit personnel » des lycées et collèges.

Or, les surveillants d'internat ne pourraient constituer un prolétariat véritable que s'ils se destinaient tous à l'enseignement secondaire ; ils seraient obligés de piétiner pendant des années vu le manque de débouchés. L'emploi de surveillant serait véritablement une carrière, alors qu'il ne doit être que passager. Que faut-il pour empêcher qu'il en soit ainsi ? Inviter les Proviseurs à recruter leur personnel selon l'esprit dans lequel la réforme a été conçue ?...

L'idée qui a présidé à cette réforme est de M. Léon Bourgeois.

Dans le travail dont je vous ai lu des fragments je me suis efforcé de mettre cela en évidence. M. Chaumié, à la tribune de la Chambre, a déclaré, après deux années d'expérience, que la réforme donnait les meilleurs résultats. Au contraire, M. Lanson, dans des articles récents, la considère comme néfaste et il donne une autre solution de la surveillance du dortoir, solution qui, examinée de près, revient à l'ancien état de choses cependant condamné par tous.

Il y a une solution, conforme aux intentions des promoteurs et organisateurs de la réforme. Elle fait bien de la surveillance du dortoir un emploi essentiellement passager. C'est celle contenue dans le projet de résolution que le Président vient de lire et que je vous prie d'adopter. (*Applaudissements*).

Après diverses observations présentées par Fontaine, Billeret, Perrette et Leroy, Reybaud donne connaissance d'un ordre du jour de l'Amicale de Digne, ainsi conçu : « Considérant que le passage de la circulaire du 7 août 1905, relatif au maximum de service hebdomadaire de 36 heures ne fixe un tarif de 125 fr. par an

que pour les heures *d'enseignement* dépassant ce maximum, et qu'il n'indique pas expressément que ce tarif
doit être appliqué pour toute heure de service quel qu'il
soit, enseignement ou surveillance, assuré en plus des
36 heures ;

« Considérant qu'à Digne, l'administration a pu, grâce
à un texte équivoque, imposer à diverses reprises et
qu'elle impose actuellement aux répétiteurs un service
supérieur, et, de beaucoup, au maximum prescrit, sans
s'engager à leur donner d'indemnité pour les heures
supplémentaires ;

« Considérant qu'une demande d'indemnité adressée au
Ministre, depuis environ deux mois, par les répétiteurs
du lycée de Digne, est restée sans réponse ;

« Considérant qu'il y a là un abus des plus fâcheux, et
qui peut servir de précédent et d'excuse pour d'autres
abus analogues ;

« Emettent le vœu :

« Que la question soit mise en délibération au Congrès
national des professeurs-adjoints et prient le bureau de
la F. N. de vouloir bien faire les démarches nécessaires
pour que le texte de la circulaire du 7 août 1905 soit
précisé, de façon à empêcher tout abus et dans le sens
suivant : 1° Jusqu'à l'établissement d'un prochain décret
fixant de façon définitive le maximum hebdomadaire
d'heures de service, le maximum provisoire de 36 heures ne doit être dépassé sous aucun prétexte, sans
donner droit à une rétribution ; 2° La rétribution, pour
toute heure de service, classe ou surveillance, faits en
plus du maximum de 36 heures est de 125 fr. par an ».

Leroy. — « Dans un lycée de l'Académie de Lille,
les professeurs-adjoints constamment invités à remplacer

les surveillants d'internat dans leur service (le nombre de ces surveillants n'étant presque jamais au complet par suite de départs fréquents) s'en sont plaints au Proviseur qui n'en a pas tenu compte, puis au Recteur avec qui ils ont eu une entrevue. Ils ont demandé à être payés au tarif ordinaire pour ce service supplémentaire, et le Recteur, en présence du Proviseur, a été de leur avis ».

RABY. — « Nous ne devons faire aucun service d'internat gratuitement. A Carnot, on essaya de nous confier les surveillances des récréations sans rétribution. Nous avons dit non et demandé 125 fr. L'administration a fini par proposer au Conseil d'administration de nous accorder 125 fr. et le Conseil a adopté la proposition du proviseur ». (*Applaudissements*).

Le président met aux voix le projet de résolution signé par Piatier et un certain nombre de délégués. Le projet de résolution est adopté (1).

MM. BORGNET, LEROY, PERRETTE, VIGNOL, REYBAUD, PATTE, à propos du vœu de l'amicale de Digne, se trouvent d'accord pour juger que les administrations locales ne s'efforcent pas d'avoir un personnel de surveillants d'internat suffisant pour parer à l'imprévu.

La Discipline

BUISSON dépose la motion suivante : « *Au point de vue disciplinaire, le professeur-adjoint aura la même initiative que le professeur titulaire* ». GUILLO cite les règlements ; CHAMPION affirme qu'à Michelet les répétiteurs, en matière de discipline, ont les mêmes droits que les professeurs ; BELLENGER, pour Rouen, confirme l'avis

(1) Voir aux pièces annexes le rapport de Fr. Piatier, sur les surveillants d'internat.

de Champion ; BORNET, citant Henri IV, émet une opinion inverse ; enfin REYBAUD est d'accord avec Guillo. Après quoi, sur la demande de BARON, la motion de Buisson est votée à l'unanimité.

Sur la distribution des prix

VIGOT. — « Nous avons remarqué que chez certains administrateurs, il y a encore une vieille tendance qui les pousse à nous diminuer. Ainsi, à Chambéry, la coutume est que les professeurs-adjoints conduisent leurs élèves en rang à la salle des prix très éloignée du lycée et qu'ils ne prennent pas leur place sur l'estrade au milieu de leurs collègues. C'est un abus, c'est pourquoi il a déposé un vœu qu'il prie le Président de bien vouloir lire. »

GUIGNARD donne lecture de la motion de Vigot :

Le Congrès émet le vœu :

Que les décrets de 1891 en ce qui concerne les cérémonies officielles, fêtes universitaires, distributions de prix, etc., soient respectés et que les professeurs-adjoints aient leur place marquée parmi le personnel enseignant, et qu'ils y figurent avec les prérogatives et les insignes auxquels ils ont droit, de par leurs grades et leurs fonctions ; qu'ils puissent même, s'ils le désirent, être chargés du discours de distribution des prix.

Des instructions et des circulaires existent, paraît-il, à ce sujet : mais elles sont restées lettre morte dans certains lycées où les professeurs-adjoints sont encore astreints — sans aucune nécessité de service — à conduire et à surveiller les élèves dans la salle de distribution des prix (le Théâtre municipal). Il faudrait pourtant, aux yeux des familles, du public et des élèves, tenir une place qui correspond à nos titres et à nos fonctions, sous peine de déchoir.

Pour le discours de Distribution des Prix (vœu du lycée d'Annecy, approuvé par le Proviseur), il existe, dit Ripault, un précédent : Au Mans, notre collègue Agniès a prononcé, en 1901, le discours d'usage.

En outre, Ripault demande au Congrès de ne pas être prodigue de vœux de ce genre. A son avis, il n'y a rien de vexatoire à conduire ses élèves en rang à la salle des prix, et il ne faut pas en être humilié. A Chambéry, puisqu'il faut que les élèves soient accompagnés, qu'ils le soient par tout le personnel : administrateurs, professeurs, professeurs-adjoints et surveillants.

Reybaud fait remarquer que les prérogatives demandées par Vigot, sont assurées par les décrets de 1891. C'est donc ces décrets qu'il faut faire respecter.

Après quelques observations de Champion, Vignol, Raby, Dhers, Doumerc, la clôture est prononcée et le vœu adopté.

Diminution du service

Buisson soutient la proposition suivante : « *Le nombre d'heures de services du professeur-adjoint sera, comme celui du professeur-titulaire, diminué après un certain nombre d'années de services* ».

Champion la combat. Il n'admet pas d'inégalités de services entre collègues. Il serait dangereux de créer deux catégories de répétiteurs. Ce serait ressusciter les anciennes querelles. Les plus anciens ont le bénéfice des promotions et des distinctions honorifiques. Cela suffit.

Patte est de l'avis de Champion. Cependant il croit qu'il est possible de donner satisfaction à Buisson. L'Administration n'a qu'à ne pas atteindre le maximum, dans la répartition des services.

Raby s'associe complètement aux paroles de Champion. Il rappelle la longue scission entre généraux et divisionnaires.

Ripault demande à Buisson de retirer son vœu pour éviter le rappel des querelles mauvaises.

Buisson retire son ordre du jour.

Augmentation du personnel

Engelhard dépose cette motion : « *Considérant la difficulté qu'il y a à assurer le service lorsqu'un professeur-adjoint s'absente,*

« *Le Congrès émet le vœu suivant :*

« *Il y aura dans chaque lycée, un nombre suffisant de professeurs-adjoints supplémentaires* ».

Après échanges de vues entre Raby, Bornet, Pinet, Méry, Vignol, Patte, la motion d'Engelhard est votée.

Commission des Comptes

Le Congrès nomme MM. François, Buisson et Vigot, commissaires vérificateurs des comptes du trésorier et les invite à présenter leur rapport à la prochaine séance.

Questions financières. — Retraites et promotions

Bellenger expose une conception de l'Amicale de Cherbourg où les classes d'attentes sont supprimées, un maximum et un minimum de stage prévus et l'accès de la 1re classe assuré au bout de 24 ans de service.

Le Président donne ensuite lecture d'un projet de vœux concernant les promotions, déposé par Piatier :

« *Considérant que le système actuel d'avancement basé sur les mises à la retraite qui sont de moins en moins fréquentes, ne permet qu'un avancement irrégulier et d'une lenteur extrême ; les professeurs-adjoints émettent les vœux :*

1° Que tout fonctionnaire du secondaire soit assuré d'obtenir une rémunération équitable de ses services, au bout d'un temps déterminé dans chaque classe ;

2° Qu'il y ait pour chaque classe un maximum de stage égal au minimum augmenté de deux ans ;

3° Que le minimum soit uniformément fixé à deux ans ;

4° Que la mesure ait, comme cela a eu lieu pour l'enseignement primaire, un effet rétroactif, et qu'au moment de la péréquation, tout fonctionnaire soit placé dans la classe à laquelle lui donne droit le nombre de ses années de service, eu égard à la somme des stages maxima des classes précédentes ;

5° Que tous les ordres comprennent six classes et que toutes les classes provisoires de stage soient supprimées ;

6° Que tout professeur adjoint passant du deuxième ordre dans le premier, entre dans la même classe du 1er ordre en conservant son ancienneté de promotion ».

Piatier attire tout spécialement l'attention du Congrès sur le 4e. « Seul, dit-il, l'effet rétroactif permettra de réparer les injustices commises jusqu ici dans l'avancement du personnel en plaçant chacun des membres du secondaire dans la classe où il devrait être si l'avancement avait été régulier.

L'établissement du maximum de stage a aussi une

importance capitale du fait que, sans lui, on pourra élever le taux des promotions et le maximum de traitement. Cela ne changera rien à ce qui existe, puisque l'absence de maximum empêchera d'obtenir le bénéfice de ces améliorations, réelles sur le papier, fictives en fait.

La proposition de Piatier est adoptée à l'unanimité.

Les Retraites

Le Président met aux voix la proposition suivante, signée de Vignol, Pinet, Baron, Le Coq :

La retraite est donnée à tous les fonctionnaires ayant trente ans de services. La retraite proportionnelle est donnée à tous ceux qui ont vingt ans de services, sans distinction d'âges.

(Adopté.)

Ensuite, le Congrès adopte la série de propositions suivantes :

2° Au bout de 30 ans de services, la retraite est un droit pour le fonctionnaire qui en fait la demande sans toutefois qu'elle puisse lui être imposée avant l'âge de 60 ans. (Fédération parisienne.)

3° Tout fonctionnaire qui remplit ces conditions d'âge et de services a droit à la liquidation immédiate de sa pension de retraite. (Proposition Dhers-Méry.)

4° Le service militaire est compté pour les promotions comme il l'est pour la retraite. (Proposition Fontaine.)

5° Les années de services valables pour la retraite comptent à partir du jour où le fonctionnaire subit la retenue. (Proposition Fontaine.)

6° La retraite doit être calculée sur les 5 années de

traitement maximum et les droits de la veuve être acquis après 3 ans de mariage. (Proposition Reybaud, Pinet, etc.)

7° *La pension allouée à la veuve et aux orphelins est égale à la moitié de celle à laquelle avait droit le fonctionnaire. (Proposition Patte, Fontaine.)*

8° *Dans le cas de décès du fonctionnaire avant que les conditions de retraite soient remplies, le montant des retenues versées est remboursé à la veuve et aux orphelins. (Proposition Bellenger.)*

9° *Il sera remboursé à tout fonctionnaire révoqué le montant des retenues opérées, sous quelque forme que ce soit, sur son traitement, en vue de constituer sa retraite. (Proposition Fontaine.)*

Enfin, sur la demande de LACAZE, le Congrès adopte cette résolution : « *Le Congrès émet le vœu que l'on s'entende avec les professeurs de collège, pour qu'il n'y ait plus désormais qu'un seul ordre ; des indemnités seraient accordées aux titres divers. Toutes les difficultés résultant actuellement d'un changement d'ordre seraient ainsi évitées.* »

Sur les indemnités et bonis

Vœu déposé par RABY et REYBAUD, et adopté par le Congrès :

Les professeurs adjoints émettent le vœu :

1° *Qu'en raison de la cherté de la vie dans les grandes villes, il leur soit accordé des majorations de traitement basées sur la population de ces villes et égales à celles des professeurs, et que, en attendant l'établissement de cette indemnité, l'indemnité accordée actuellement dans les lycées de Lyon, Marseille, Rouen, etc., soit également répartie entre tous, les charges résultant du séjour dans les grandes villes étant aussi lourdes pour les répétiteurs que pour les professeurs ;*

2° Que les sommes provenant des bonis de l'externat soient distribuées d'après des règles fixes et communiquées aux fonctionnaires, et soient égales pour tous les fonctionnaires de la même catégorie. (Proposition de Guignard.)

Adopté.

Sur l'Algérie

Vœux déposés par Dhers et Méry et adoptés par le Congrès :

1° Que le fonctionnaire d'Algérie et sa famille aient le passage gratuit tous les deux ans ;

2° Que la bonification coloniale soit étendue aux fonctionnaires nés en Algérie.

Nota. — La discussion sur les vœux financiers a été très touffue. Privé de l'aide du secrétaire Doumerc, occupé par la machine à écrire, de celle du secrétaire Huc qui s'était excusé, du secours d'Engelhard, appelé en dehors de la salle du Congrès, obligé moi-même de souder bout à bout, au fur et à mesure qu'ils étaient votés, les ordres du jour qui pleuvaient sur le bureau du Président, je n'ai pu prendre autant de notes qu'il aurait été nécessaire, pour rendre claire cette partie de nos débats. Que mes camarades veuillent bien m'en excuser.

Vœu concernant les Répétitrices

Le Président donne la parole à Le Coq.

Le Coq regrette que dans l'ordre du jour si chargé

du Congrès, on ne puisse établir un plus long débat sur les rapports des Répétitrices et Répétiteurs dans les diverses Académies. Il y aurait lieu de rechercher pourquoi, dans certaines Académies, elles font partie des Amicales des Répétiteurs, alors qu'ailleurs, elles forment des groupements autonomes que nous voyons affiliés en ce moment à ceux des Professeurs et représentés à ceux des secondaires. Il serait bon que, dans le courant de l'année, cette situation fut éclaircie, et qu'au prochain Congrès, si des Répétitrices demandent que nous formulions des vœux en leur faveur, nous soyons mieux renseignés et nous consacrions plus de temps à la discussion de ces vœux.

Baron dépose l'ordre du jour suivant : *Le Congrès émet le vœu que l'assimilation au point de vue des heures de service et du traitement, soit réalisée entre Répétiteurs et Répétitrices.*

(Adopté.)

Le Président donne ensuite lecture d'un ordre du jour présenté par Vigot, Bellenger, Reybaud, Le Coq, ainsi conçu :

1° Limitation des heures de service à 28 heures par semaine;

2° Au cas où les Répétitrices logent au dehors de l'établissement, une indemnité de 500 francs leur est accordée;

3° Les suppléances leur sont payées au taux des lycées de garçons;

4° Entre les classes du matin et du soir, deux heures de repos;

5° Toute heure de cours est considérée comme équivalent à deux heures de surveillance;

6° Une après-midi de liberté en dehors de l'après-midi du jeudi et de la journée du dimanche.
(Applaudissements.)

Mis aux voix, l'ordre du jour est adopté. Après quoi, le Président lève la séance. Il est midi.

2ᵉ SÉANCE DU SAMEDI 21 AVRIL 1906

Le Président ouvre la séance à 2 h. 1/4. Il donne lecture d'une dépêche d'Alger : « L'Association des Répétiteurs du Lycée d'Alger, réunie en Assemblée générale, envoie ses sympathiques salutations à tous les collègues. — Nicolas, président. » (*Vifs applaudissements*).

Il prie ensuite François de lire le rapport établi par la commission des comptes. Celui-ci s'exprime en ces termes :

« Le congrès des professeurs adjoints, dans sa première séance du 21 avril 1906, a nommé une commission chargée de vérifier les comptes du trésorier de la Fédération nationale des Professeurs adjoints.

« Cette commission est ainsi formée : Buison, délégué de l'académie de Lyon ; François, délégué de l'académie de Nancy ; Vigot, délégué de l'Académie de Grenoble et Chambéry.

« La commission a reconnu exacts les comptes qui lui sont présentés et les a approuvés.

« Le total des recettes s'élève à ce jour à. . . . . 1.352 fr. 15

« Le total des dépenses s'élève à . . 1 025 fr. 05

Solde en caisse. . . . . 327 fr. 10

« Il faut défalquer un certain nombre de cotisations versées à l'avance pour l'année 1906 1907, à savoir. . . . .   201 fr. 50

« Il y a donc comme boni, pour l'année financière 1905-1906, la somme de .   125 fr. 60

La commission prie les membres du congrès de voter des félicitations au trésorier pour le dévouement qu'il a montré dans la gestion de sa caisse. « Signé : François, Vigot, Buisson. » (*Applaudissements*).

Le trésorier Patte lit ensuite son rapport :

« Mes Chers Camarades,

« J'ai l'honneur de présenter au Congrès le relevé des recettes et des dépenses pour l'année qui vient de s'écouler.

« Le Congrès d'avril 1905 avait fixé la cotisation pour chaque membre de la Fédération à 1 franc. Les cotisations sont rentrées assez régulièrement et, dès le mois de mai, les fonds permettaient de faire face à des dépenses assez importantes. Les versements cependant n'ont pas suivi une même règle ; quelques-uns aussi ont eu des retards, nous venons d'en enregistrer encore. Si des Fédérations régionales les ont faits en bloc, ailleurs les amicales, elles-mêmes, ont réglé directement. Ces divers modes n'ont pas permis au Bureau de se tenir d'une façon bien exacte au courant du mouvement des membres de la Fédération ; car, si nous avions à enregistrer des cotisations, nous ne pouvions, dans la plupart des cas, constater comment les sommes reçues étaient en concordance soit avec le nombre des membres de la Fédération régionale, soit avec celui des membres des Amicales.

« La vérification des mandats devient alors assez délicate ; et le présent Congrès, profitant de l'expérience,
voudra sans doute modifier le mode des recettes.

« Le tableau annexé indique que nous avons enregis-
tré 1.140 cotisations (sur 1.420 répétiteurs environ,
avant le 1er juin) réprésentant une somme de 1.144 fr.,
M. Risus ayant remis une cotisation spéciale de
5 francs.

« D'autre part, le secrétariat a versé en caisse une
somme de 7 fr. 65.

« Depuis le mois de mars, et à la suite d'un avis paru
au bulletin, nous avons reçu une somme de 201 fr. 50
qui doit être reversée sur l'exercice 1906-1907. Cet avis
n'avait pour but que de rappeler aux camarades que le
Congrès ne pourrait accepter que les mandats en règle
avec les statuts. Les cotisations à venir ne pouvaient
avoir d'effet, puisqu'elles sont réglées par le Congrès
chaque année. Néanmoins, le total des recettes s'élève à
1.352 fr. 15.

« Le compte des dépenses se décompose en cinq parts
bien distinctes.

« Les frais d'impression se sont élevés à 488 fr. 25.
Ils comprennent les impressions des rapports Condorcet
et Hoche et de la brochure Lefebvre, conformément aux
vœux du Congrès,

« Les fournitures de bureau : livres, papier, enve-
loppes, timbres, etc., ont coûté 44 francs.

« Le trésorier, dont le rôle consiste à enregistrer les
cotisations et à en donner un reçu, et aussi à envoyer
quelques imprimés ou quelques lettres, a dépensé une
somme de 35 fr. 95.

« Le secrétariat a charge des expéditions des circu-

laires et des communications avec les diverses Fédérations régionales ; il comprend, à Paris, le secrétaire général qui occupe son temps par une correspondance très
importante, et deux secrétaires, qui ont eu fort à faire
aussi pendant toute l'année. La dépense correspondante
est ainsi de 174 fr. 65.

« Le reste des dépenses comprend celles du président.
Nécessairement, les nombreuses et incessantes démarches qui ont été faites directement ou par correspondance ont obligé le président à des frais assez élevés,
bien que toujours réduits à leur minimum. Au total,
282 fr. 20.

« En résumé, pour l'exercice dernier, les recettes
ayant été de 1.150 fr. 65 et les dépenses de.1.025 fr. 05,
il nous reste en caisse la somme de 125 fr. 60. Je dois
y ajouter les cotisations déjà versées pour l'année qui
va s'ouvrir : 328 fr. 50.

« Ces chiffres nous montrent que la cotisation individuelle avait été sagement réglée par le Congrès dernier ; et prévoyant pour l'année qui commence des frais
sensiblement équivalents, le Bureau proposera de maintenir la cotisation au même chiffre.

« Nous nous bornons enfin à insister pour que les cotisations soient réglées au trésorier par les bureaux des
fédérations régionales qui donneront en même temps le
NOMBRE des membres des amicales qui les composent, et
faciliteront ainsi beaucoup la tâche du Bureau.

« Il nous reste à souhaiter que nos camarades de
quelques lycées comprennent mieux leur devoir et participent à l'œuvre commune.

« Il est en effet regrettable, en parcourant la liste, de
constater que dans des académies importantes, beaucoup

de camarades se tiennent à l'écart et semblent attendre, dans une douce somnolence, la récolte des fruits achetés par d'autres au prix de leur peine ou de leur argent.

« La balance des comptes est dès lors ainsi établie à ce jour :

RECETTES :

Cotisations (1905-1906).	1.143 fr.
Solde du Secrétariat.	7 fr 65
Cotisations (1906-1907).	201 fr. 50
Total.	1.352 fr. 15

DÉPENSES :

Impressions	488 fr. 25
Fournitures de bureau	44 fr.
Président	282 fr. 20
Secrétariat.	174 fr. 65
Trésorier	35 fr. 95
	1.025 fr. 05
SOLDE EN CAISSE	327 fr. 10
	1.352 fr. 15

Le rapport de Patte est très applaudi.

Puis, REYBAUD demande la parole et développe en son nom personnel et à celui de Bellenger, la proposition suivante : « *Les Fédérations régionales se trouvant à ce jour organisées dans chaque académie, le Congrès décide que les réponses du bureau de la Fédération nationale aux communications particulières des amicales, devront être transmises au bureau de la Fédération régionale, qui sera chargée seule de faire par-*

venir les cotisations à la Fédération nationale avec l'état nominal des membres. »

Bellenger croit qu'il est bon que les amicales avertissent le bureau régional de leurs démarches.

Ripault est de cet avis, mais il dit qu'il n'y a pas besoin d'une disposition spéciale pour atteindre ce but, que les statuts y suffisent et qu'en tout cas, il n'appartient pas au bureau de la F. N. de faire la police dans les fédérations régionales.

L'application de la réforme de 1902, dans les lycées de Faculté

Ripault ouvre le débat en résumant brièvement la circulaire envoyée par le lycée de Montpellier à tous les lycées de faculté.

Vignol croit que la circulaire de Montpellier repose sur cette idée inexacte que les divisionnaires seuls sont menacés par l'application de la réforme de 1902 et que les généraux sont intangibles. Ce n'est pas réel. Un général peut être déplacé comme un divisionnaire.

Modot dépose avec Baron un premier ordre du jour tendant à la « disparition des surnombres dès les vacances prochaines, de façon qu'au 1er octobre 1906, il ne puisse être imposé de service d'internat à aucun des répétiteurs de lycée actuellement en exercice ». Pour cela il préconise des nominations plus nombreuses dans les postes de professeurs de collège et aussi l'augmentation du nombre des professeurs adjoints.

Baron adopterait le vœu de Montpellier avec réserves.

Bellenger votera très volontiers la proposition développée par Ripault pour faire plaisir à ceux qui demandent à achever leurs études. Mais il ne faudrait pas que l'adoption d'un vœu de ce genre eût pour résultat de laisser croire que nous désirons que l'autonomie soit retardée dans les lycées de faculté. Les répétiteurs généraux des lycées de faculté ont admis volontiers, dans l'intérêt des divisionnaires, qu'on les appelât les derniers à bénéficier des avantages de l'autonomie. Il est nécessaire cependant que l'autonomie fonctionne en 1907 dans ces lycées.

Patte, au nom de la Fédération parisienne, dépose un ordre du jour demandant que « l'autonomie soit appliquée progressivement dans les lycées de faculté ».

Le Coq est absolument effrayé du grand nombre de vœux formulés depuis deux jours, surtout des vœux théoriques comme celui de Montpellier. Avant de faire du vœu de Montpellier un vœu général, n'y a-t-il pas lieu de voir ce qui se passe dans tous les lycées de faculté représentés au Congrès, et dont le nombre est tel qu'il pourra donner une indication générale sur la situation des répétiteurs dans ces lycées, à la veille de leur transformation. Y a-t-il dans ces lycées, des répétiteurs qui vont se trouver gênés pour poursuivre leurs études, qui seraient disposés à accepter de devenir surveillants d'internat dans les conditions proposées par Montpellier? En ce qui concerne Rennes, cette situation ne se présentera pas, au contraire : des répétiteurs venus pour deux ans se sont trouvés obligés d'y rester malgré eux pendant une troisième année, à cause du surnombre existant dans les autres lycées. Quant à ceux qui n'ont pas terminé les deux années auxquelles ils ont droit, outre qu'ils savaient, avant de venir à Rennes, que le lycée serait transformé en octobre prochain, et ont pu prendre leurs dispositions en conséquence, aucun d'eux ne songe à rester comme surveillant d'internat ; même avec le traitement de répétiteur, aucun d'eux n'étant disposé à faire en retour, les services dont nous demandons depuis si longtemps d'être déchargés. Cette situation étant, à son avis, la même à peu près partout, Le Coq demande que l'on fasse du vœu de Montpellier une étude particulière et pratique, et que l'on avise à soutenir les collègues de ce lycée qui pourraient être lésés, autrement que par un vœu platonique. Jusqu'à présent, ni aux fédérations, ni au bureau de la Fédération nationale, aucune plainte n'a été formulée à propos du déplacement des répétiteurs amené par la transformation des lycées : s'il y a à Montpellier des répétiteurs qui se plaignent, qu'on les soutienne par des démarches qui seront plus efficaces qu'un vœu. Il y a déjà trop de vœux formulés et Le Coq ne votera pas celui-ci...

Modot combat de nouveau la proposition de Montpellier, et prie le Congrès de voter son ordre du jour.

Vignol, soucieux de voir le surnombre disparaître, souhaite que l'on accorde à ceux qui le demanderont, des fonctions civiles. Il dépose un ordre du jour dans ce sens :

« *Le Congrès émet le vœu que pour faire disparaître le surnombre résultant de l'application du Professorat-adjoint, les Répétiteurs qui en feront la demande soient nommés à des emplois civils, sans subir de diminution de traitement* ». (Adopté).

Guignard complète l'ordre du jour précédent par la disposition suivante :

« *Les suppressions de postes résultant, dans les lycées de Faculté, de l'application de l'autonomie, n'auront lieu que par la nomination des intéressés à un emploi accepté par eux ou par voie d'extinction. »* (Adopté).

BATTESTI critique le vœu de Montpellier, qui semble établir, à priori, que les répétiteurs divisionnaires ne pourront pas être nommés professeurs-adjoints dans les lycées de faculté. C'est inadmissible. D'autre part, ces répétiteurs surveillants d'internat seront dans une situation bizarre vis-à-vis de l'administration à l'égard de laquelle ils seront fonctionnaires, à côté de surveillants, qui, eux, n'auront pas de nomination ministérielle.

LEROY prie le Congrès de s'en tenir au vœu de Vignol.

RIPAULT se plaint que l'on obscurcisse la discussion comme à plaisir ; examinons tout simplement ce que demandent les répétiteurs de Montpellier. Ils demandent à terminer leurs études commencées. Est-ce légitime ? Si oui, donnez leur votre appui pour obtenir de l'Administration le moyen qu'ils réclament. Et ne croyez pas que pour cela seul, la réforme de 1902 est en péril. En terminant, Ripault prie le Congrès de voter l'ordre du jour rédigé par Bellenger, et signé par lui et Reybaud.

Après une nouvelle invervention de Battesti, REYBAUD, PATTE, FONTAINE, MODOT et BARON, déclarent se rallier à l'ordre du jour Bellenger, pour lequel ils demandent la priorité.

La priorité lui est accordée à mains levées, et le fond adopté de la même manière.

« 'Etant bien entendu que l'application de l'autonomie sera réalisée dans tous les lycées de faculté des départements, en 1907, comme il a été prévu, le Congrès émet le vœu que les répétiteurs qui demanderont à remplir les fonctions de surveillants d'internat dans

ces lycées, pour continuer leurs études, conservent leur traitement de répétiteur. » (Signé : BELLENGER, REYBAUD, RIPAULT, MODOT, BARON).

En ce qui concerne les lycées de Faculté de Paris, le Congrès adopte le vœu suivant, proposé par Patte, au nom de la Fédération de Paris :

« *L'autonomie des lycées de Faculté est réalisée progressivement, selon l'esprit qui a présidé jusqu'ici, à la réforme Ribot-Bourgeois-Leygues* ».

Les Conseils universitaires

DHERS, au nom de Saint-Martin, vice-président de l'Association des Répétiteurs du lycée d'Alger, lit un rapport[1] où, après avoir examiné comment les répétiteurs ont été oubliés dans la loi de 1880, quelle inégalité la justice affiche à leur égard, l'auteur adopte la conclusion de son amicale qui demande : « que les répétiteurs et professeurs-adjoints des lycées soient représentés dans les Conseils élus de l'Université, dans les mêmes conditions que les Professeurs de collège, auxquels ils ont été assimilés par les décrets de 1891 et de 1903 ».

VIGNOL, auteur d'un rapport[2] sur la question, croit inutile d'en donner lecture, après l'exposé fait par Dhers. Il se borne à déposer la motion suivante :

« *Le Congrès, considérant qu'une refonte générale des divers conseils universitaires, basée sur la distinction entre les fonctions d'étude pédagogique et les fonctions judiciaires et sur une représentation équita-*

---

(1) Voir ce rapport aux pièces annexes.
(2) Voir le rapport Vignol aux annexes.

ble des diverses catégories de fonctionnaires de l'enseignement, s'impose à bref délai ;

« Considérant, d'autre part, qu'il convient auparavant de faire disparaître certaines injustices criantes ;

« Emet le vœu que, conformément à l'ordre du jour Veber, toutes les catégories de fonctionnaires soient représentées immédiatement dans ces conseils. »

Adopté à l'unanimité.

RABY fait remarquer que l'ordre du jour Veber est un ordre du jour de transition, puisqu'il vise l'état de choses actuelles.

Quand nous demandons la représentation par ordre, nous avons une base logique qui justifie le nombre de trois représentants que nous réclamons : Un pour le premier ordre, un pour le second, un pour les collèges.

GUIGNARD. — Les collèges en désirent peut-être plus d'un. Il n'est pas prudent de prendre cela à notre compte.

A BELLENGER, il paraît dangereux de préciser que chaque ordre choisira dans son sein son représentant ; il craint que de ce fait les divisions renaissent. « Tous nos efforts, dit-il, n'ont-ils pas tendu à obtenir que tous les répétiteurs, sans distinction d'ancienneté ni de grades, soient nommés professeurs-adjoints, qu'ils participent tous à l'enseignement, qu'ils aient tous un service identique. Où sont dès lors les intérêts différents justifiant pour les deux ordres des représentants différents ? Ensuite, on enlève aux représentants, toute autorité.

« Chacun, au lieu d'avoir derrière lui, toute la force corporative, n'en aura qu'une faible partie. Enfin, on expose les bacheliers à n'avoir aucun représentant si l'on songe que le 2ᵉ ordre des professeurs n'a actuellement aucun représentant dans les Conseils universitaires ».

BARON, comme conclusion au discours précédent, dépose un ordre du jour signé de lui et de Leroy, Piatier, Le Coq, Modot, Engelhard, François, Bellenger, ainsi conçu :

« Le Congrès émet le vœu que les professeurs-adjoints soient représentés, sans distinction de grades, aux différents Conseils universitaires. »

PATTE fait observer que les professeurs de collège, demandent comme nous à être représentés par catégories. Il demande au Congrès de voter l'ordre du jour déjà adopté par la fédération parisienne.

Champion appuie Patte.

L'ordre du jour de la fédération parisienne est ainsi libellé :

« Considérant qu'il importe que les deux ordres de répétiteurs de lycée et l'ordre de répétiteurs de collège soient représentés au Conseil supérieur et au Conseil académique, la Fédération émet le vœu que chaque ordre y ait, pendant la période transitoire, au moins un représentant nommé par ses pairs. »

FONTAINE propose de décider que les littéraires auront un représentant et les scientifiques un aussi.

Mise aux voix, la proposition Patte est adoptée.

Sur les Conseils d'Administration

Au nom d'Alger, DUERS et MÉRY déposent le vœu suivant, qui est signé aussi de Baillon et Reybaud :

« Que des professeurs-adjoints, désignés par leurs collègues, soient membres des Conseils d'administration des lycées et collèges. »

(Adopté).

Les associations d'anciens élèves

DHERS et MÉRY, au nom d'Alger, déposent le vœu suivant :

« *Que la Fédération Nationale, par une circulaire adressée aux Amicales de répétiteurs, invite ceux-ci à faire partie des Amicales d'anciens élèves et à prendre part à leurs discussions en combattant l'esprit d'hostilité manifesté contre eux.* »

(Adopté).

Révision des Statuts. — Le droit au Syndicat

En tête de la révision des statuts, GUIGNARD propose de mettre la question syndicale posée par la fédération de Clermont. Il en est ainsi ordonné.

PINET, au nom de Clermont, expose son projet résumé dans la proposition suivante :

Le Congrès :

Vu la proposition Barthou (art. 2), ayant pour objet de rendre applicable la loi du 21 mars 1884 « aux professions libérales et aux ouvriers et employés de l'Etat, du département, des communes et des établissements publics, qui ne détiennent aucune portion de la puissance publique » ;

Attendu que les répétiteurs ne détiennent aucune portion de la puissance publique ;

Vu l'imminence d'un débat législatif ;

Reconnaissant, d'autre part, que les syndicats endigueront le favoritisme ; permettront aux répétiteurs de discuter avec leurs chefs et de formuler leurs desiderata sans être inquiétés ; donneront à leurs or-

ganisations le droit d'entrer dans les Bourses du Travail ; mais repoussant toute idée de grève générale comme nuisible à l'enseignement laïque ;

Demande que si la loi nouvelle permet à certaines catégories de fonctionnaires de se syndiquer, les Répétiteurs et Professeurs-adjoints des Lycées et Collèges soient compris dans ces catégories et nommément désignés. »

(Adopté à mains levées).

Modification de l'art. XI par la création d'une commission représentative de la Province

Raby explique que le Conseil interfédéral, prévu par les statuts, n'a jamais fonctionné, et que par conséquent, dans l'intervalle des congrès, la Province n'étant pas représentée, ne peut pas faire connaître son opinion. Pour remédier à cet inconvénient, il voudrait que chaque fédération régionale choisit à Paris, un camarade qui serait son représentant. L'ensemble de ces représentants de la Province formerait, à côté du bureau, un comité dont les séances auraient lieu à date fixe. Quand le bureau aurait à s'entourer d'avis sur de graves questions, il pourrait consulter immédiatement la Commission représentative de la Province. Quand le secrétaire-général aurait à communiquer une décision du bureau, il n'aurait qu'à avertir simplement chacun des représentants parisiens des fédérations régionales. En cas de conflit, entre le bureau et la Commission représentative, le Conseil interfédéral serait juge et souverain.

Ripault combat la proposition de Raby. A son avis, il est inexact d'affirmer que le Conseil interfédéral ne fonctionne pas. Le Conseil interfédéral est composé de tous les bureaux, et presque chaque mois le secrétaire eut à consulter ou à avertir ces bureaux de démarches faites ou à faire, ou de décisions à prendre. Ensuite, il lui semble dangereux de multiplier les rouages de la Fédération, qui a très bien fonctionné. Il lui paraît difficile d'admettre que pour surveiller le bureau, qui n'a en rien justifié cette méfiance, on lui donne 17 surveillants, surveillés eux-mêmes par le Conseil interfédéral, surveillé lui même par les Amicales, etc.

Enfin, Ripault rappelle que l'ancienne association est morte un peu de l'esprit parisien qui prédominait. Il ne croit pas qu'il soit utile de le ressusciter. C'est une question de vie ou de mort. Jusqu'à présent, les bureaux régionaux se sont fort bien acquittés de leur tâche. En laisser à d'autres l'accomplissement est injustifiable.

Ripault conclut en demandant au Congrès de repousser la proposition de Raby. (*Applaudissements*).

LACAZE abonde dans le sens de Ripault et proteste énergiquement contre « cette sorte de comité de surveillance irresponsable qui n'ajoutera rien à la force de la Fédération et fera renaître les coteries ».

BAILLON, sans entrer dans le fond de la question, tient à dire que la Fédération de Toulouse ne l'a pas chargé de choisir un représentant parisien.

RABY, complétant ses explications, motive sa proposition par le fait qu'il lui semble dangereux de voir le bureau prendre certaines initiatives qui ne lui appartiennent pas. Ainsi, lorsque le bureau a été déposer devant la Commission parlementaire, il n'a consulté personne. Cela est regrettable, et ne doit pas se reproduire.

REYNAUD ne se doute pas de l'utilité du nouveau

rouage. Il trouve que la Fédération a fort bien fonctionné, et avoue son embarras, pour trouver 17 délégués à Paris.

Guignard rappelle dans quelles conditions s'est effectuée la déposition du bureau devant la Commission parlementaire de l'enseignement. Il s'est borné à apporter les décisions du Congrès et à les soutenir. Il était dans son rôle, puisqu'il a été élu pour cela. D'ailleurs, il a été pleinement approuvé. Aucune plainte n'a été formulée. (*Applaudissements*). Pendant l'année qui va commencer, nos successeurs agiront de même. Ils s'inspireront et se dirigeront d'après les décisions du Congrès.

Raby prévoit que dans l'intervalle de deux congrès, des faits nouveaux peuvent surgir, auxquels la Commission représentative aurait à donner une solution.

Engelhard, après avoir étudié attentivement les statuts, affirme que la proposition de Raby porte sa mort en elle-même. D'après l'art. VII, « des Congrès extraordinaires sont convoqués en cas de besoin absolu, à la demande de la majorité des Fédérations régionales », par conséquent, s'il y a une question très grave à résoudre, le bureau n'a qu'à faire appel à un nouveau congrès.

Ripault demande pour le bureau qui sera choisi, une entière confiance. C'est d'elle qu'il tire sa force. La lui ménager, c'est l'affaiblir. Il cite plusieurs cas où il s'est trouvé seul à assumer une responsabilité grave. Avant de la prendre, il ne s'est pas retourné pour chercher une commission représentative qui voulut bien l'endosser. Le temps ne le permettait pas... Le rôle d'un bureau consiste essentiellement à exécuter les décisions de la Fédération et à parer aussi à l'imprévu, ce qui est sa besogne de tous les jours.

Raby, avec une grande force, montre l'exemple du parti socialiste, qui a institué une commission semblable à celle qu'il propose et qui n'a pas cru que cela était un rouage inutile, au contraire.

Pour Bellenger, un tel organisme ne peut que gêner ou paralyser l'action du bureau. On pourrait en risquer l'expérience dans un seul cas : si les Fédérations provinciales étaient inertes ou manquaient de vigilance. Mais le bureau national sait que les bureaux régionaux sont actifs, et qu'ils ne manquent pas de faire connaître, quand l'occasion s'en présente, leur opinion sur la marche de la Fédération.

Champion n'est pas du même avis que Raby sur les services qu'a pu rendre au parti socialiste la Commission à laquelle il faisait allusion. Ce qu'il sait, c'est que justement, le parti socialiste vient de supprimer cette commission pour supprimer tout intermédiaire entre l'élu et les membres des groupes.

Enfin, il s'étonne que l'on puisse proposer une telle modification aux statuts, sans que personne en soit prévenu et pour l'empêcher, il dépose un ordre du jour.

Pinet déclare qu'enlever au bureau toute initiative, lui paraîtrait imprudent. Mais, comme selon lui, l'autorité part des Amicales, la proposition Raby lui agrée parfaitement, et, à son avis, chaque fédération trouvera facilement à Paris, un délégué suppléant, ayant toute sa confiance.

Vignol, pour l'organisation du travail, serait partisan d'avoir à Paris des délégués suppléants.

Desserin ne comprend pas du tout le fonctionnement de ce nouveau comité. Si le bureau n'est pas bon, qu'on le remplace.

Patte est séduit par la théorie, mais la pratique lui paraît beaucoup plus contestable.

Raby dit que la Commission qu'il propose, ne peut fonctionner que si on institue d'abord des obligations syndicales, de présence, d'assiduité, de travail. Il faut, pour le bien de tous, instituer ces obligations.

La clôture de la discussion est prononcée.

Trois ordres du jour sont déposés. L'un de Champion a un caractère général et vise la procédure à introduire, pour modifier les statuts, — les deux autres concernent l'un, l'ordre du jour Reybaud, l'application des statuts, — l'autre, l'ordre du jour Raby, l'institution d'une Commission représentative de la Province.

Ordre du jour Champion : « *Toute demande de modification aux statuts doit être portée à la connaissance des fédérations, au moins un mois avant la réunion du Congrès.*

« *La révision des statuts ne peut être prononcée qu'à la majorité absolue des membres cotisants* ». (Adopté).

Ordre du jour Reybaud, François, Baillon : « *Le Congrès affirmant sa confiance dans le bureau parisien, l'invite à s'en tenir à l'esprit et à la lettre des statuts, et à rester, comme par le passé, en contact avec les membres du Conseil interfédéral, représentant les Fédérations régionales* ».

Ordre du jour Raby : *Modification à introduire à l'art XI des statuts, sous le nº 3 : « Une Commission représentative de la Province, formée de 17 membres, nommés directement par les Fédérations régionales* ».

Le Congrès décide de mettre concurremment aux voix les deux ordres du jour.

L'ordre du jour Reybaud, François, Baillon,
obtient. . . . . 846 voix.

L'ordre du jour Raby. . . . . . . 205 —
Abstentions. . . . . 69 —

L'ordre du jour Reybaud est adopté (1).

Création d'un archiviste

Raby demande que le Congrès nomme un archiviste,
chargé de rechercher les études qui nous touchent de
près, les brochures, les revues qui traitent de nos
questions.

Fontaine désirerait que l'archiviste ne fasse pas partie du bureau.

Ripault croit que les secrétaires-adjoints pourraient
s'occuper des archives.

Huc n'est pas de cet avis.

Guillo offre aux futures archives, les collections de
documents qu'il possède.

Après quoi, la proposition Raby demandant qu'un
archiviste soit créé est adoptée, et l'article XI des statuts
modifié en ce sens.

La publication des séances du bureau

Raby désirerait que le bureau publiât chaque fois un
bref compte-rendu de ses séances. Il souhaiterait, en
même temps, qu'il fut bien précisé quelles sont les attri-

---

(1) Ont voté l'ordre du jour Reybaud : Aix, Bordeaux, Caen,
Paris, Grenoble, Lille, Montpellier, Reims, Nancy, Rennes,
Toulouse, Alger, Dijon, Troyes, Charlemagne, Louis-le-Grand,
Saint-Louis, Michelet, Voltaire, Henri IV (1 voix).
Ont voté l'ordre du jour Raby : Clermont, Poitiers, Henri IV,
Hoche, Carnot, Janson, Condorcet;
Abstention : Lyon.

butions de chaque membre du bureau. C'est ainsi qu'il ne voudrait pas qu'il y eût des secrétaires-adjoints, mais des secrétaires qui seraient autonomes et non auxiliaires.

Engelhard ne comprend pas très bien la proposition de Raby, concernant les secrétaires.

Ripault est persuadé que le secrétaire-général doit toujours connaître l'objet et les destinataires de la correspondance des secrétaires, et qu'il lui paraît bien impossible qu'on soutienne le contraire, à moins que l'on ne soit pas partisan de l'unité d'action dans le bureau, ce qui proprement lui semble monstrueux.

Le Coq trouve une légère contradiction dans les explications de Raby sur les fonctions du secrétaire-général et des secrétaires-adjoints. Afin d'éviter, à l'avenir, les critiques formulées à propos de lettres ou documents de la province non communiqués au bureau, ne serait-il pas bon que le secrétaire-général reçut, seul, toute la correspondance et, après l'avoir enregistrée, comme cela se fait dans toute administration ou entreprise quelconque, ait mission de la répartir entre les secrétaires-adjoints qui y répondraient en ayant soin de se conformer aux directions que le bureau doit donner lorsqu'il se réunit. De la sorte, le secrétaire-général remplirait bien la fonction pour laquelle il est élu et les secrétaires-adjoints auraient une part d'initiative satisfaisante.

En fin de discussion, il reste entendu que le Bureau publiera dans l'« *Avenir Universitaire* » le compte-rendu de ses séances.

Avant de passer à l'élection du bureau, le président suspend la séance pendant 10 minutes.

Election du bureau

Votants : 1.160. — Majorité : 580

Président :	Guignard.	1.160	Elu
Vice-Présidents :	Bellenger.	1.160	Elu
	Nicolas.	1.160	Elu
	Lacaze	1 002	Elu
	Raby.	985	Elu
	Vignol	156	
	Champion.	69	
	Reybaud	9	
	Buzet	1	
	Danger.	1	
Secrétaire-général :	Ripault.	1.160	Elu
Trésorier :	Patte.	1.160	Elu
Secrétaires-adjoints :	Huc	1.084	Elu
	Doumerc	1.074	Elu
	Baron	745	Elu
	Langlais	404	
	Piatier	88	
	Champion.	8	
	Bornet	1	
Archiviste :	Guillo	593	Elu
	Bayce	567	

Après avoir proclamé les résultats de l'élection, le président remercie l'Assemblée de l'honneur et de la confiance qu'elle témoigne à ses élus et, en leur nom, lui assure que le nouveau bureau s'efforcera de s'en rendre digne.

ENGELHARD dépose alors la motion suivante : « Con-

sidérant les grands services rendus depuis 1881 à la cause du répétitorat par le camarade Reybaud, je propose qu'il soit nommé vice président honoraire. »
(Acclamations).

La proposition, mise aux voix, est adoptée à l'unanimité au milieu des applaudissements.

REYBAUD, en quelques paroles, remercie le Congrès.

RABY, au sujet du vice-président sortant Vignol, loue son caractère et propose de le nommer, lui aussi, vice-président honoraire.

LEROY, en tant que délégué de Lille, s'associe avec empressement à la proposition de Raby. S'il ne l'a pas faite lui-même, malgré qu'elle fut dans ses vœux, c'est par un sentiment de réserve bien compréhensible chez le représentant de la Fédération de Lille.

Le président met aux voix la proposition, et à l'unanimité Vignol est nommé vice-président honoraire.

Le Journal corporatif

RABY, chargé de l'administration financière du journal, donne des renseignements sur son fonctionnement, ses ressources et ses dépenses.

Les comptes sont approuvés.

Nomination d'un nouveau directeur

LE PRÉSIDENT donne lecture d'une proposition d'Engelhard et de Bellenger, ainsi conçue :

« *L'Avenir Universitaire a pour directeurs le président, le vice-président, le secrétaire-général.* »

PINET demande à Guignard si la besogne est si écrasante qu'elle justifie l'adjonction d'un nouveau directeur ?

GUIGNARD répond que c'est avec plaisir qu'il verra le secrétaire-général adjoint à la direction car, par moment, le travail que lui impose le journal, et notamment la correction des épreuves, est véritablement écrasant.

RABY s'étonne de la proposition d'adjoindre Ripault à la direction. Ses fonctions de secrétaire-général sont très absorbantes, — il y joint celles de secrétaire de la Fédération mixte de l'Académie de Paris — et il craint qu'en lui attribuant encore une fonction nouvelle, on ne l'oblige, malgré son activité, à un véritable surmenage.

RIPAULT remercie les signataires de la proposition de leur initiative et rassure Raby au sujet du surmenage qui le guette... La Fédération mixte lui donne beaucoup moins de travail qu'il ne le souhaiterait et il craint bien de n'avoir plus qu'à signer son acte de décès.

BARON ne voit aucun inconvénient à voter la proposition Engelhard-Bellenger, car il la trouve très naturelle.

BELLENGER rappelle que la question de la direction du journal fut expédiée l'année précédente en quelques minutes, à la fin du Congrès. Le président de la Fédération devait, d'abord, être seul directeur. Raby, pour alléger son travail et diminuer sa responsabilité, demanda que le vice-président de la Fédération nationale lui fut adjoint comme 2e directeur. Aujourd'hui, on demande que le secrétaire-général de la Fédération soit associé, lui aussi, à la direction du journal, non seulement pour alléger le travail et la responsabilité des deux directeurs, mais encore, parce que le secrétaire-général, par ses fonctions mêmes, est tellement mêlé à l'existence intime de la Fédération, qu'il serait étrange qu'il n'eût pas une part dans la direction du journal, manifestation tangible de la vitalité de notre corporation!

Raby ne peut pas admettre la nomination d'un directeur nouveau. Il y voit une marque de défiance à son adresse et une diminution. De plus, la direction du journal ne se confond pas avec celle de la Fédération. Le journal a une vie propre, indépendante. Il demande à Ripault quel sera son rôle comme directeur.

Ripault répond qu'il sera secrétaire-général de l'*Avenir*.

Champion approuve la proposition Engelhard-Bellenger. Au contraire de Raby, il pense que le journal est avant tout l'organe de la Fédération et, qu'à ce point de vue, il ne peut être qu'avantageux d'associer plus étroitement à sa rédaction le secrétaire-général. Enfin, il prie Raby de ne pas se croire diminué plus que Guignard, qui s'est déclaré partisan de la proposition Engelhard-Bellenger.

Raby déclare qu'il s'incline devant Ripault et qu'il se retire.

Patte proteste contre cette parole. « Quand le Congrès ordonne, on doit se soumettre », dit-il.

Pinet, alors, supplie le Congrès de ne pas voter une proposition qui a le grand tort de désobliger un de nos meilleurs collègues, sans le moindre profit pour la corporation.

Baron prie Raby de ne pas voir dans la résolution qui va être prise, la moindre nuance de blâme ni la moindre diminution. Il le prie de ne pas persister dans ses intentions et de ne pas s'opposer à une proposition nouvelle qu'il formule ainsi : « *Le Congrès adresse ses félicitations chaleureuses à MM. Guignard et Raby qui, jusqu'à ce jour, ont dirigé avec un zèle et une compétence indiscutables l'Avenir Universitaire, organe offi-*

ciel des revendications des professeurs-adjoints. Mais, dans le but de ménager leurs forces, et dans l'intérêt même de la Fédération nationale, il décide de leur adjoindre, dans la direction du journal, le collègue Ripault, secrétaire-général de la Fédération nationale.»

BELLENGER se rallie à l'ordre du jour Baron.

PINET combat la proposition Baron avec une extrême vivacité : « Pourquoi, dit-il, vouloir absolument d'un troisième directeur, quand notre journal a très bien marché avec deux ! Pourquoi diminuer indirectement Raby qui n'a pas démérité ? » Il demande le vote au scrutin, par Fédération.

L'ordre du jour Baron est adopté par 988 contre 60. Abstentions : 67 (1).

DIERS donne lecture d'une proposition d'Alger à propos de laquelle le Congrès examine quelle serait la combinaison la moins coûteuse et la plus profitable à la Fédération pour faire imprimer le journal.

RABY et GUIGNARD exposent à l'Assemblée les résultats de la petite enquête à laquelle ils se sont livrés pour connaître les prix les moins chers. Les renseignements ne sont plus exacts depuis la déclaration de la grève des imprimeurs.

PATTE indique la solution préconisée par la Fédération parisienne. Ce serait d'abord de rester chez les ouvriers syndiqués, ensuite d'élever de 2 fr. ou 3 fr. la

---

1. Ont voté pour : Paris, Aix, Bordeaux, Caen, Montpellier, Grenoble, Lille, Lyon, Nantes, Poitiers, Rennes, Toulouse, Alger, Dijon, St-Louis, Henri IV, Michelet. Montaigne, Voltaire.

A voté contre : Clermont.

Abstentions : Troyes, Charlemagne, Louis-le-Grand, Hoche, Carnot.

Le Congrès a adopté.

cotisation de chaque membre de la Fédération qui recevrait ainsi le journal dont l'existence serait assurée d'une façon certaine.

Le Congrès décide d'abord que le journal sera imprimé, comme par le passé, chez les syndiqués.

Ensuite, RIPAULT, qui appuie la proposition de la Fédération parisienne, demande cependant au Congrès, de ne pas se prononcer dès cette année. A son avis ce serait imprudent. Il faut savoir avant si les membres de la Fédération consentiront à payer 3 fr. ou 4 de cotisation et pour le savoir il faut le leur demander. En conséquence, il dépose une motion tendant à ce que « *le Congrès renvoie la proposition parisienne à l'étude des Amicales.* »

CHAMPION souhaite que chaque sociétaire ait son journal. Les abonnements pouvant faire défaut plus tard, il serait bon d'incorporer l'abonnement dans la cotisation... « Il est du devoir de tous, dit-il, d'apporter son obole à l'œuvre commune puisque tous bénéficient, au même titre, des avantages obtenus. Il serait bon que les délégués des départements expliquent ces raisons à leurs Fédérations et à leurs Amicales pour que cette question de la presse puisse recevoir une solution au prochain Congrès. »

FONTAINE désire que le journal soit imprimé au plus bas prix. Il demande à Patte de vouloir bien exposer au Congrès les offres qu'il a reçues.

PATTE met l'Assemblée au courant des propositions de l'imprimeur Lelièvre, de Laval.

Le Président GUIGNARD fait observer que c'est là une question purement de bureau et que véritablement les délégués n'ont pas les éléments pour prendre une décision en connaisance de cause. *(Assentiment)*;

Il met ensuite aux voix le renvoi de la proposition parisienne à l'étude des amicales. (Adopté).

Le Congrès charge ensuite son bureau « d'entrer en rapport avec le bureau de la fédération des collèges, pour discuter avec lui la place qui serait réservée aux répétiteurs de collèges dans l'*Avenir*, au prorata des abonnements ».

VIGOT rappelle, à ce propos, que la Fédération Grenoble-Chambéry est la première fédération qui ait tenté et réalisé le bloc des lycées et collèges. (*Applaudissements*).

Ensuite, le Congrès discute la proposition de PINET tendant « à ce qu'il soit envoyé, par les soins de l'Administration du journal, un exemplaire de l'*Avenir* à tout Recteur qui s'y trouverait directement ou indirectement visé, à tout proviseur placé dans le même cas, au recteur et à tous les proviseurs d'une Académie où un Congrès de répétiteurs aura eu lieu ».

Devant les explications de Raby, qui le met au courant de la manière dont le service du journal s'opère, Pinet retire sa proposition.

VIGOT et BUISSON demandent au Congrès de réformer cet article du règlement du journal qui exige que chaque article soit contresigné du Président de l'A. Ils déposent un ordre du jour ainsi conçu : « *Les membres de la Fédération nationale sont dispensés du visa du Président de leur amicale lorsqu'ils demandent l'insertion d'un article dans l'Avenir Universitaire* ».

GUIGNARD fait remarquer les inconvénients de cette proposition et les garanties que présentait et que présentera encore pour les directeurs du journal, le visa de l'Amicale ou de la Régionale.

A mains levées, cet ordre du jour est repoussé.

Cotisation

Le Congrès fixe la cotisation à un 1 fr. pour l'année 1906-1907.

Le prochain Congrès

LE PRÉSIDENT invite l'Assemblée à bien vouloir se prononcer sur la date et le lieu de sa prochaine réunion.

LACAZE est chargé par la Fédération du Sud-Ouest de proposer Bordeaux où de superbes fêtes auront lieu en l'honneur de la ligue maritime française.

PINET, « sans avoir l'intention de prêcher pour son élection », propose que le Congrès se tienne à Clermont en août 1907, en même temps que le Congrès d'instituteurs... Les prolétaires de l'enseignement doivent s'unir et rechercher toutes les occasions de manifester en commun. L'occasion qu'il signale lui paraît excellente. En outre, Clermont est un point central, au voisinage des montagnes et des stations thermales. Et « puis, nous qui sommes fédéralistes nous donnerons un exemple de décentralisation ».

PATLE rappelle qu'au commencement du Congrès on a laissé entendre que l'année prochaine on adhérerait peut-être au Congrès général des secondaires. Cela nous empêche de fixer, dès aujourd'hui, la date et le lieu.

REYBAUD avait eu l'idée de proposer Marseille ou Aix, qui n'est pas loin des montagnes, des stations thermales et tout proche de la mer. Il croit inutile de dévelop-

por son idée car il se rend compte que Paris est encore
l'endroit le plus commode et le plus agréable pour tous.

GUIGNARD demande au Congrès de ne pas se prononcer aujourd'hui. Avant les vacances, le bureau procédera
à un référendum sur la question.

Il en est ainsi ordonné.

L'Impression du compte-rendu et des rapports

Le Congrès décide d'abord que le compte-rendu de
ses travaux fera l'objet d'une brochure et que le reliquat
de la somme destinée à couvrir les frais du banquet
Veber, sera employé à cet usage.

Ensuite, l'Assemblée discute les deux propositions
suivantes : L'une de Patte, demandant que l'on insère à
la suite du compte rendu, les rapports dont on a donné
lecture au congrès ; l'autre de Vignol ainsi conçue :
« Le Congrès, au point de vue remarquable du rapport
Raby, décide son impression ».

La discussion de ces propositions a été d'une vivacité
extrême.

RIPAULT a dit qu'il lui paraissait raisonnable d'ajouter au compte-rendu les rapports dont on avait eu un
aperçu, mais qu'il devait être bien entendu qu'on ne les
mettait qu'à titre de documents, qu'on n'en formait pas
une brochure spéciale.

RABY s'est élevé très énergiquement contre l'idée de
Ripault.

Il s'est plaint très vivement que celui-ci voulut étouffer les droits de la minorité et qu'il en usât avec lui avec
trop d'autorité. S'il devait en être ainsi, il retirerait son
rapport et le ferait imprimer ailleurs.

RIPAULT explique son opposition à la motion Vignol.

Il lui paraît impossible que le Congrès décide d'éditer en brochure, comme représentant sa pensée, un rapport qu'il n'a pas lu, qu'il ne connaît pas, sur lequel il n'a pu se prononcer, et dont il a repoussé la conclusion principal. Cela serait illogique. S'il veut répandre une étude sur le professorat-adjoint, il n'a qu'à faire rééditer le travail de Garnaud, qui est un petit chef-d'œuvre.

Patte a proposé non pas une brochure spéciale pour tel ou tel rapport, mais une annexe au compte-rendu où toutes les études déposées sur le bureau du président seraient insérées.

Ripault est d'accord avec Patte.

La proposition Patte est adoptée à mains levées.

Société de Secours mutuels de l'Enseignement secondaire public

Proposition Poirrien, adoptée par le Congrès :

« Considérant que l'attribution des secours n'est pas réglée par les statuts ;

Que l'appréciation de l'opportunité des secours, d'abord, du chiffre du secours, ensuite, en est laissée complètement à l'arbitraire du Conseil d'administration ;

Que, dans ces conditions, il importe de donner toute garantie de compétence et d'impartialité aux intéressés ;

Que la différence de condition, d'une part, l'état actuel, l'autre part, entre les professeurs-adjoints et les professeurs, font qu'un conseil exclusivement de professeurs, ne remplit pas cette condition ;

Que les professeurs-adjoints forment un neuvième de l'effectif de la Société ;

Le Congrès émet le vœu qu'une place soit faite aux professeurs-adjoints parmi les neuf membres du Conseil de la Société de secours mutuels de l'enseignement secondaire. »

*
**

« L'ordre du jour est épuisé, mes chers camarades, dit le Président, et je crois que nous sommes tous comme l'ordre du jour. *(Rires).*

« Il me reste encore, cependant, la force de vous remercier au nom des membres du Bureau que vous venez d'élire. Je vous promets que nous continuerons à mettre tout ce que nous avons d'activité et d'énergie au service de nos revendications communes et que nous ne plaindrons ni notre temps ni notre peine pour les faire aboutir.

« Dites bien à nos collègues, dont vous êtes ici les délégués, que nous sommes heureux et fiers de la confiance qu'ils ne cessent de nous témoigner, qu'ils peuvent compter sur notre bonne volonté, et que l'heure est proche où, dans l'Université réorganisée, les Répétiteurs auront la place que leur assignent leur dévouement et les services qu'ils ont rendus ». *(Vifs applaudissements).*

DÉCISIONS DU CONGRÈS

Sur l'Organisation du Professorat-Adjoint

Considérant :

1° Que la réforme de 1902 est justifiée par ses résultats, qu'elle représente un caractère nettement démocratique et est vraiment orientée vers l'avenir ;

2° Que la fusion progressive des fonctions du professeur et du répétiteur, à l'exclusion des attributions spéciales au régime de l'internat, constitue l'idéal incontestable des inspirateurs et des auteurs de cette réforme et que le moyen pratique de le réaliser est de faire participer, dans le plus bref délai possible, tous les répétiteurs à l'enseignement ;

3° Qu'il y a lieu de s'acheminer vers cette fusion dont les avantages pédagogiques sont manifestes et qui est la solution uniforme préconisée par les autorités universitaires les plus compétentes et les plus désintéressées ;

4° Qu'en attendant, il importe de donner aux répétiteurs actuels, pour faciliter leur tâche d'éducateurs, l'autorité morale du maître qui enseigne ;

5° Qu'en vertu de textes formels, le professeur-adjoint doit être un professeur, ainsi que son titre l'indique ;

qu'il doit, par suite, participer à l'enseignement magistral sous l'unique contrôle de l'inspection générale, laquelle, concourant à la formation de son dossier, lui fournira un surcroît de dignité et d'indépendance ;

6° Que la circulaire du 2 août 1902 montre clairement qu'il est possible de donner à tous les répétiteurs d'externat un service mixte d'enseignement et de surveillance et que tous doivent être nommés professeurs-adjoints ;

7° Que l'absence de toute règlementation précise permet aux administrations locales d'altérer les principes fondamentaux de la réforme, afin de lui arracher des combinaisons économiques, soit en morcelant à l'excès le service des professeurs-adjoints, soit en leur attribuant un nombre exagéré d'heures de classe et d'heures de travail, soit en les obligeant, contrairement aux prescriptions ministérielles, à des services de surveillance en dehors de celle des études ;

8° Qu'il est notamment illogique de relever moralement le répétiteur en lui accordant la participation à l'enseignement et, en même temps, de ruiner son autorité par l'obligation d'assister certains professeurs incapables d'assurer eux-mêmes la discipline ;

Le Congrès émet le vœu qu'un décret ministériel, publié avant le 1er octobre 1906, remplace les circulaires qui ne donnent que des directions, étende la réforme de 1902 à tous les établissements d'enseignement secondaire (lycées et collèges de garçons et de filles) et fixe le service du professeur-adjoint sur les bases suivantes :

1° Les répétiteurs actuellement en exercice reçoivent le titre de professeurs-adjoints ;

2° Les mesures restrictives de la circulaire du 7 août 1905 sont rapportées ;

3° La circulaire du 2 août 1902 est appliquée dans sa lettre et dans son esprit ;

4° Le maximum de service hebdomadaire des professeurs-adjoints et des délégués préparateurs est abaissé à vingt-huit heures, comprises dans les intervalles de présence régulière des externes surveillés au lycée ;

5° La circulaire ministérielle du 14 janvier 1905, réservant au milieu de la journée un intervalle de deux heures pendant lequel aucun exercice scolaire n'a lieu, pour permettre aux externes de se rendre chez eux, de déjeûner et de revenir au lycée, est confirmée et strictement appliquée ; en conséquence, les professeurs-adjoints ont pour le repas de midi deux heures de liberté ;

6° Le professeur-adjoint est dispensé de la surveillance durant les classes de dessin, de gymnastique, d'instruction religieuse ; — il est débarrassé de toute surveillance en dehors des heures de présence réglementaire des externes surveillés au lycée ; — il a droit au repos hebdomadaire du dimanche et aux congés des après-midis du jeudi ;

7° Les professeurs-adjoints ne sont jamais chargés des mouvements et des récréations d'interclasses qui leur occasionneraient un dérangement spécial.

Tout mouvement est dirigé dorénavant par le maître qui est de service immédiatement avant ce moment, — toute récréation interclasse est surveillée par le professeur chargé de la classe qui la précède.

Sur la Discipline

Au point de vue disciplinaire, le professeur-adjoint aura la même initiative que le professeur.

Par application des circulaires ministérielles de 1880 et de 1891, dans les cérémonies officielles, fêtes universitaires, distributions de prix, etc..., les professeurs-adjoints ont leur place marquée parmi le personnel enseignant, — ils y figurent avec les prérogatives et les insignes auxquels ils ont droit de par leurs grades et leurs fonctions, et peuvent même, s'ils le désirent, être chargés du discours de distribution de prix.

Sur l'application de la Réforme de 1902 dans les lycées de Facultés

LYCÉES DE PARIS

L'autonomie des lycées de faculté est réalisée progressivement selon l'esprit qui a présidé jusqu'ici à l'application de la réforme Ribot-Bourgeois-Leygues.

LYCÉES DES DÉPARTEMENTS

Etant bien entendu que l'application de l'autonomie sera réalisée dans tous les lycées de Faculté des départements, en 1907, comme il a été prévu, le Congrès émet le vœu que les répétiteurs qui demanderont à remplir les fonctions de surveillants d'internat dans ces lycées, pour continuer leurs études, conservent leurs traitements de répétiteurs.

Sur les Conseils de l'Université

Le Congrès, considérant qu'une refonte générale des divers conseils universitaires, basée sur la distinction entre les fonctions d'étude pédagogique et les fonctions judiciaires et sur une représentation équitable des diverses catégories de fonctionnaires de l'enseignement, s'impose à bref délai ;

Considérant, d'autre part, qu'il convient auparavant de faire disparaître certaines injustices criantes ;

Emet le vœu que, conformément à l'ordre du jour Veber, toutes les catégories de fonctionnaires soient représentées immédiatement dans ces conseils.

CONSEILS D'ADMINISTRATION

Que des professeurs-adjoints, désignés par leurs collègues, soient membres des conseils d'administration des lycées et collèges.

LE BANQUET ADRIEN VEBER

Conformément à la décision unanime des Fédérations régionales, le banquet offert à Adrien Veber a eu lieu, à l'issue de la deuxieme séance du Congrès, le vendredi 20 avril, à l'Hôtel des Sociétés savantes.

C'était notre camarade Louis Bertrand, délégué par le Ministre de l'Instruction publique qui présidait. A sa droite, Adrien Veber, Guignard, Lucien Brunswick de l'*Action*, Edouard Lepage de l'*Eclair*, Ripault, Bellenger ; à sa gauche, Buzin, président de la Fédération des collèges, Maurice Lauzel de l'*Humanité*, Gustave Téry du *Matin*, Albert, de l'*Aurore*, Graverol du *Petit Journal*, Mme et M. Vignol, Mme et M. Pérette, Raby, Patte, Huc, Doumerc, Reybaud, membres du bureau. Ensuite, Assémat de Niort, Lacaze de Bordeaux, Bessières, Blanc de Condorcet, Bornet de Henri IV, Chardon de Saint-Louis, Desserin de Voltaire, Cahen de Carnot, Fernet de Condorcet, Fontaine, Jalby de Saint-Louis, Huart de Charlemagne, Lavigne, Hamelin, Mathis, Poulain de Louis-le-Grand, Méry, Dhers, pour Alger, Marc de Henri IV, Porte de Janson-de-Sailly, Sentenac de Saint-Louis, Chevallier de Saint-Servan, Coulibœuf de Blocqueville, de Flers, Renaux de Maubeuge, Fanton de Lyon, Popy de Cette, Galy de Pamiers, Le Luan d'Etampes, Maille, Bailly d'Arlais, Levéchim d'Epinal, Bougerel de Romans, Joucla de Saint-Pol, Paquot de Langres, Pinet de Clermont, Vigot de Chambéry, Leroy de Lille, Buisson de Lyon, François de Nancy, Madot de Dijon, Baron de Poitiers, Le Coq de Rennes, Baillon de Toulouse.

Pendant tout le repas, la plus vive animation et la plus grande cordialité n'ont cessé de régner dans la belle salle du restaurant des Sociétés savantes.

A l'heure des toasts, c'est Louis Bertrand, représentant du Ministre de l'Instruction publique, qui le premier a pris la parole.

Dès qu'il se lève, les applaudissements éclatent de toutes parts.

En quelques mots, il dit la joie qu'il a de se trouver ce soir, en compagnie de ses anciens camarades, et le plaisir qu'il a eu naguère à être désigné pour présider ce banquet, comme représentant de M. Briand, occupé à batailler contre les adversaires de la République.

Il porte un toast à M. Adrien Veber et à la corporation des répétiteurs.

GUIGNARD se lève ensuite et prononce le discours suivant :

MESDAMES, MESSIEURS, MES CHERS CAMARADES,

Ma première parole sera à la fois une parole de regret et une parole de remerciement. Nous regrettons très vivement que M. le Ministre de l'Instruction publique ait été empêché d'assister à cette fête. Nous aurions été heureux d'avoir parmi nous, l'homme qui a mis son merveilleux talent au service de la liberté et du progrès, l'adversaire éloquent et infatigable de l'arbitraire et des privilèges. Sa présence nous eût été le plus précieux des encouragements et le plus salutaire des réconforts. (*Applaudissements*).

M. le Ministre a tenu à nous dédommager, dans la plus large mesure possible, de son absence forcée, en choisissant, pour le représenter ce soir, M. Louis Bertrand, attaché à son cabinet. Nous l'en remercions très sincèrement, parce que nous connaissons tous, depuis longtemps, le dévouement de notre bon camarade, aux idées de solidarité professionnelle qui nous sont chères. Nous espérons qu'il emportera de cette réunion un excellent souvenir, et qu'il voudra bien dire, à M. le Ministre, qu'il a trouvé ici des fonctionnaires animés de l'esprit démocratique le plus pur et profondément dévoués à l'Université républicaine. (*Applaudissements*).

Les obligations de la période électorale, ont retenu loin de nous nos amis du Parlement. J'ai à vous présenter les excuses de MM. Chautemps, Delpech, Flaissières, Lintilhac, Maurice Faure, sénateurs, de MM. Aldy, Abel Lefèvre, Ferdinand Buisson, Breton, Couyba, Coutant, Chaumet, Emile Cère, Charles Dumont, Deville, Emile Favre, Gervais, Guieysse, Lucien Hubert, Jaurès, Jules Legrand, Massé, Maujan, Meslier, Louis Martin, Millerand, Pastre, Paschal Grousset, Poulain, Rajon, Rouanet, Sembat, Steeg, Tournier, Vaillant, députés.

Vous excuserez avec moi, l'absence involontaire de nos amis. Vous savez qu'en toute autre circonstance, ils se fussent fait un plaisir de nous apporter le témoignage de leur sollicitude et de leur sympathie. Mais ils sont aujourd'hui à leur poste de combat. Ils luttent vaillamment contre le suprême effort de toutes les réactions coalisées, et c'est pourquoi, à tous, j'adresse, en votre nom, nos meilleurs souhaits pour leur succès personnel, qui sera en même temps le succès de la République. (*Applaudissements*).

Je dois vous exprimer également les regrets de mon vieux camarade Thalamus, que je pourrais presque ranger parmi les parlementaires, car nous espérons bien le voir, dans quelques semaines, député de Seine-et-Oise. (*Applaudissements*).

D'Albert Milhaud, professeur au lycée Montaigne, qui, hier encore, pensait pouvoir être des nôtres et qui n'aurait pas craint, en venant ici, de froisser certaines intransigeances et d'encourir certaines excommunications. (*Applaudissements*).

De notre vénéré doyen, Piquois, retenu en Normandie, par des affaires de famille. (*Applaudissements*).

De notre collègue Crocicchia, qui manque une de nos réunions pour la première fois depuis vingt ans. Vous le lui pardonnerez quand vous saurez qu'il en est empêché par la session du Conseil municipal de Tours, où il fait, comme à son ordinaire, de la bonne besogne républicaine. (*Applaudissements*).

Je remercie Madame Vignol-Méresse et Madame Perrette, qui ont bien voulu prêter à cette fête, le charme et l'éclat de leur sourire. (*Applaudissements*).

Nos amis de la Presse, Maurice Lauzel, Gustave Téry, Albert, Brunswich, Graverol, qui, chaque jour, dans leurs journaux, mènent le bon combat pour toutes les causes justes et toutes les améliorations légitimes et auxquels nous serons, pour une bonne part, redevables de la victoire. (*Applaudissements*).

Merci enfin à M. Adrien Veber. (*Longues acclamations*).

A votre égard, mon cher Député, je crois bien avoir épuisé toutes les formules de la gratitude, tant les services que vous nous avez rendus sont nombreux. Mais il y a une chose qui est inépuisable, je vous prie de le croire, ce sont les sentiments que nous portons en nous-mêmes. Le nom d'Adrien Veber est inscrit dans le cœur de tous les Répétiteurs comme celui de l'homme qui a pris en main leur cause, qui l'a étudiée consciencieusement et qui a su le faire triompher. Je n'ai pas besoin, mes chers camarades, de vous rappeler ces deux magnifiques séances de la Chambre du 7 et du 8 Février, où l'éloquence vengeresse de notre ami rappelait l'Administration au respect de la parole donnée, où elle mettait en déroute les piteux arguments apportés contre nous à la tribune. *(Applaudissements prolongés).*

Grâce à vous, mon cher Député, une injustice a été évitée à la République puisque notre assimilation aux professeurs de collège a été maintenue. Une autre iniquité a été réparée, celle qui en 1897 priva certains répétiteurs parisiens de l'indemnité de résidence de 300 fr. Enfin, des garanties sérieuses, pour l'avenir, ont été prises en faveur de nos camarades des collèges, au nom desquels une voix plus autorisée que la mienne vous dira dans un instant tout le bien qu'ils pensent de vous. Ce sont là des actes qui laisseront en nous un souvenir impérissable. *(Applaudissements).*

Mesdames, Messieurs, mes chers camarades, je vous invite à vous joindre à moi dans le toast suivant : je souhaite que dans la législature prochaine, dont notre ami Adrien Veber fera certainement partie, lorsqu'il se lèvera à la Chambre pour soutenir nos dernières revendications, je souhaite qu'il trouve en face de lui le même Ministre de l'Instruction Publique et une majorité tout entière acquise aux réformes démocratiques et sociales. *(Applaudissements prolongés).*

Buzin, président des collèges, s'exprime en ces termes :

Mesdames, Messieurs,

Au nom de la Fédération nationale des Répétiteurs des Collèges de France et d'Algérie, je m'associe pleinement au juste tribut d'hommage que l'honorable président de la Fédération des Lycées vient d'adresser à nos défenseurs, nos hôtes de ce soir. J'adresse l'expression de nos respectueux regrets à Monsieur le Ministre, que des empêchements retiennent loin de nous et souhaite une cordiale et confraternelle bienvenue, à son représentant, Monsieur l'attaché de cabinet Bertrand.

Je suis particulièrement heureux de saluer ici le citoyen Veber, qui, avec un zèle infatigable et une remarquable éloquence, a si vaillamment défendu à la tribune du Parlement, les revendications du Répétitorat des Collèges.

Citoyen Veber, vous avez bien mérité des prolétaires de l'Université : Agréez l'hommage et l'expression sincère de leur respectueuse gratitude.

Je remercie Messieurs les Sénateurs et Députés, présents ou absents, qui, dans les mémorables séances des 6, 7 et 13 Février, ont bien voulu appuyer de l'autorité de leur parole et de leur vote l'excellent plaidoyer du citoyen Veber.

Grâce à vous tous, Messieurs, notre corporation, si longtemps délaissée, remporte cette année sa première victoire ; grâce à vous, nous voyons s'ouvrir pour elle une ère nouvelle, pour tous, un peu plus de bien-être.

Demain, les Répétiteurs des Collèges pourront courageusement poursuivre leur tâche difficile, la joie au cœur, car leur dignité d'hommes libres, de fonctionnaires et d'éducateurs est enfin reconnue. C'est le droit à la vie, c'est le droit au foyer, Messieurs, que vous venez, après des luttes difficiles, de leur faire obtenir. Les deux cents « externés » d'octobre 1906 seront les premiers à reconnaître le prix de vos efforts : les autres, confiants dans l'avenir, attendront patiemment leur tour à l'affranchissement.

Je n'aurais garde d'oublier Messieurs Aldy et Paul Constans, dont les projets de résolution donnèrent, l'an dernier, l'éveil de cette réforme démocratique de notre misérable situation de parias ; Monsieur le sénateur Lintilhac, l'honorable Président d'honneur de notre groupement national qui, en toutes circonstances, n'a jamais marchandé ni son temps, ni sa peine quand il s'est agi de la défense de nos intérêts et de nos droits. Il fut notre guide prudent, notre avocat écouté auprès de Monsieur le Ministre et de toutes les commissions parlementaires. Il a bien droit à notre reconnaissance. (*Applaudissements*).

Nos remerciements vont encore à la presse parisienne dont nous saluons ici les dignes représentants : sans jamais se lasser, elle lutte depuis deux ans avec un zèle infatigable pour le triomphe de la cause des humbles ; comme nos défenseurs au Parlement, elle fut à la peine ; comme eux, elle recueille aujourd'hui la satisfaction bien légitime de voir que son dévouement et son activité n'ont pas été vains. (*Vifs applaudissements*).

Je ne terminerai pas cette courte allocution sans remercier les dames qui ont bien voulu honorer de leur grâcieuse présence cette fête tout intime, à laquelle nous espérons donner un retour prochain, pour célébrer la chute définitive d'un régime d'internat qui prive impitoyablement des joies à la famille et du foyer, des fonctionnaires, des hommes après tout, comme tous, avides d'amour et de liberté.

Mesdames, Messieurs, je bois aux temps meilleurs, aux succès de nos défenseurs, à la presse, à la prospérité de nos fédérations, au triomphe de nos droits. *(Vifs applaudissements)*.

A son tour, VIGOT délégué de la F. R. Grenoble-Chambéry, porte le toast suivant :

MESDAMES, MESSIEURS, CHERS CAMARADES,

L'Amicale des Répétiteurs de Chambéry m'avait chargé d'adresser, ce soir, un salut tout particulier au citoyen Emile Favre, député de Bonneville, qui, naguère encore, était notre collègue au Lycée. Les exigences de la campagne électorale retiennent notre ami loin de cette réunion ; mais, chez nous, la reconnaissance ne perd jamais ses droits et, dans cette fête du souvenir en l'honneur du député Adrien Veber, nous n'aurons garde d'oublier celui qui, aux côtés de notre premier et inlassable avocat, s'est fait aussi notre défenseur et notre porte-parole devant le Parlement. Lorsqu'il y est entré, comme le disait, ce matin même, notre camarade Ripault, « Favre n'a pas mis son drapeau dans sa poche » : on peut ajouter qu'il n'y a pas mis sa langue non plus ; certaines gens en savent quelque chose... (*Vifs applaudissements*).

Mais, après les paroles tour à tour éloquentes et spirituelles de nos Présidents, après les toasts pétillants de verve que nous venons d'applaudir — sans compter ceux que nous attendons encore — je vais me contenter d'évoquer un souvenir du passé à l'usage du présent. — En 1792, les communes de la Savoie, affranchies du régime Piémontais, nommèrent 650 députés qui se constituèrent aussitôt en *Assemblée nationale des Allobroges* et votèrent l'incorporation de leur pays à la République française. De nombreuses députations vinrent à la barre de l'Assemblée témoigner de leur loyalisme, et, entre autres, les Professeurs du Collège de Chambéry qui prêtèrent le serment civique « d'être fidèles à la Nation, de maintenir « la liberté et l'égalité et de mourir en les défendant ». Nos devanciers nous ont laissé une leçon et un exemple qui ne doivent pas être perdus. Nous aussi, nous serons fidèles à la Nation dont nous sommes les mandataires, car c'est d'elle que nous tenons nos fonctions et c'est pour elle — pour ses fils — que nous travaillons. La liberté et l'égalité que nous voulons maintenir s'appellent désormais le *Professorat-adjoint autonome* et l'*Assimilation* : à grade égal, traitement égal ! — Quant à mourir en les défendant, non ! Changeons la formule ; nous ne voulons pas mourir : nous voulons *vivre* en les défendant — et *nous vivrons ! (Applaudissements).*

Au nom de l'Amicale des Professeurs-adjoints du Lycée de Chambéry et de la Fédération régionale des Lycées et Collèges des deux Académies de Grenoble et de Chambéry, que j'ai l'honneur de représenter, au nom de tous les *Allobroges*, je vous propose d'envoyer un lointain, mais cordial souvenir à notre ancien camarade Favre. Je lève mon verre à sa santé politique, à ses succès futurs et à ceux de tous nos amis qui vont rentrer au Parlement plus nombreux et mieux armés que jamais ! (*Vifs applaudissements).*

Reybaud, Président de la Fédération régionale de l'Académie d'Aix, au nom des Associations régionales.

Messieurs, Mes chers Collègues,

Je ne m'attendais pas à l'honneur de prendre la parole ce

soir, j'essaierai cependant d'être éloquent en parlant avec mon cœur, d'abord pour remercier M. le Ministre de la bienveillante sympathie dont on vient de nous donner l'assurance en son nom, sympathie qu'il nous avait déjà manifestée en attachant un des nôtres à son cabinet, et dont il nous donne une nouvelle preuve par la délicate attention qu'il a de se faire représenter par un de nos collègues, à la présidence du banquet de ce soir. Ayons donc confiance que nos revendications trouveront auprès de lui un accueil favorable. (*Applaudissements*).

Nous avons d'ailleurs, au sein du Parlement, des amis et des défenseurs dévoués. Je suis heureux de pouvoir ici, au nom de tous mes collègues, comme le faisait tout à l'heure notre président Guignard, adresser au député Veber, l'hommage de notre profonde reconnaissance. Il nous a défendus avec énergie, avec compétence et j'ajoute avec conviction. C'est grâce à cette conviction qui vous animait, Monsieur le Député, que vous avez pu rallier à notre cause, l'unanimité des suffrages de vos collègues de la Chambre, et dire hautement que le devoir d'un Ministre était de respecter et de faire exécuter les volontés du Parlement. Vous n'avez pas voulu vous contenter de vagues promesses. Le corps des Répétiteurs salue en vous son plus vaillant défenseur ! (*Tonnerre d'applaudissements*).

Vous aussi, Messieurs les représentants de la Presse, vous avez droit à toute notre gratitude. La Presse est une grande force, et le courant d'opinion qu'elle a si généreusement contribué à créer en notre faveur, nous a puissamment servis. En vous remerciant, Messieurs, du concours si utile que vous nous avez apporté, nous vous demandons de vouloir bien nous le continuer, car nous en sentons tout le prix, et il nous est encore nécessaire. (*Vifs applaudissements*).

Sans doute, on a essayé dans ces dernières années, d'améliorer notre sort, et d'aucuns se croient autorisés à nous trouver exigents quand nous demandons des améliorations nouvelles. Il y a quinze ans, nous étions rien ou à peu près rien dans la hiérarchie universitaire, on a bien voulu nous y faire une petite place et nous ne sommes pas encore satisfaits !

Que l'on considère les services rendus, la dépense d'activité intellectuelle et morale, et je puis bien dire aussi physique, que l'on exige de nous à tout instant, et l'on verra si nous n'avons plus droit à rien réclamer. Nous n'avons d'ailleurs jamais marchandé notre dévouement. On nous consolait autrefois, en disant que nous ne remplissions que des fonctions passagères. Eh ! bien, il y en a parmi nous qui depuis plus de vingt-cinq ans, sont à la peine. Il a neigé sur la tête de pas mal d'entre eux, et cette neige — j'entendais tout à l'heure quelqu'un dire que j'étais de Marseille — ne fond pas même aux plus chauds rayons du soleil du midi. Ceux là n'ont-ils pas quelques droits à réclamer un peu plus de bien-être, un peu plus de considération, une place un peu plus large dans la vie ?

D'autres, à côté de nous, plus jeunes il est vrai, mais non moins méritants, sont encore aujourd'hui dans la situation pénible où nous étions, il y a quelques années. Pour ceux-là, tout est à faire. Je veux parler de nos collègues, les Répétiteurs de collège. Nous avons le devoir d'appeler sur eux toute la sollicitude du gouvernement, toutes les sympathies de l'opinion.

Mes chers collègues, en venant des diverses régions de la France prendre part aux travaux du Congrès avec nos camarades de Paris, en accueillant avec enthousiasme, dans toutes nos Associations, l'idée du banquet de ce soir, auquel je me réjouis de vous voir assister si nombreux, nous avons donné une magnifique preuve de solidarité dont nous devons nous féliciter. Persévérons dans cette attitude, par elle nous verrons nos revendications aboutir au succès. Unissons-nous aussi dans un même sentiment de reconnaissance envers ceux qui nous défendent. C'est dans cet esprit que je lève mon verre :

à M. le Ministre de l'Instruction publique,
à M le Député Weber,
à tous nos amis du Parlement et de la Presse,
à la prospérité de notre Fédération nationale. (*Applaudissements prolongés*).

Lorsque Louis Bertrand donne la parole à Adrien Veber, c'est un ban formidable et des acclamations répétées qui saluent le défenseur des répétiteurs.

Adrien Veber s'excuse d'abord d'avoir choisi le vendredi pour cette réunion amicale. Mais les nécessités de la campagne électorale ne lui ont pas permis de s'absenter le samedi soir, car il est obligé de se défendre vigoureusement pour nous défendre ensuite à son tour. Pour les mêmes raisons, quelques-uns de nos invités se sont absentés, ayant à soutenir d'abord les assauts de la réaction et à répondre aux calomnies qui sont multipliées sans cesse contre les véritables républicains... (*Applaudissements*).

« La fête de ce soir me cause un plaisir extrême. Le souvenir de mes débuts me revient très vif, lorsque j'aperçois ici de vieux camarades avec qui j'ai fondé autrefois le premier journal universitaire. » (*Vifs applaudissements*).

Je suis très heureux aussi de faire la connaissance de Gustave Téry. Évidemment, il houspille un peu les Unifiés, dans le *Matin*, mais je n'oublie pas qu'il est l'auteur des « Cordicoles ». Qu'il me permette de profiter de l'occasion qui nous réunit ce soir pour lui exprimer ma sympathie... (*Applaudissements*).

Je n'aurais garde d'oublier Maurice Lauzel, dont la brochure si intéressante sur les répétiteurs de collège m'a beaucoup servi pour ma documentation. (*Applaudissements*).

De même aussi Brunswick, de l'*Action*, dont les colonnes nous sont toujours largement ouvertes. (*Nouveaux applaudissements*).

Vous devez savoir beaucoup de gré aux Parlementaires qui ont eu la compréhension de nos revendications .. Au début, ils ne savaient pas... Ils se sont mis au courant... S'ils étaient spécialement délégués à la Chambre par la classe populaire, ils ont cru qu'il était de leur devoir de faire des recrues dans la classe bourgeoise. . Et ils l'on fait, et ils continueront... Ils ont senti qu'à notre époque troublée, où un monde ancien disparaît, il fallait, pour préparer une nouvelle société, recruter des adhérents dans la classe bourgeoise et arriver ainsi à une magnifique efflorescence de la République où la liberté et l'égalité seraient des réalités. (*Bravos*).

Dans votre profession, il faut d'abord réaliser cette liberté et cette égalité... Pour la préparer, le meilleur moyen c'est de faire de vous des professeurs autonomes et décréter en même temps l'assimilation et son application... (*Applaudissements*).

Les radicaux, les radicaux-socialistes et les socialistes veulent pour tous ce que vous réclamez en ce moment dans votre propre corporation : la parcelle d'autonomie et de libre initiation que vous réclamez, vous !

De même, pour l'assimilation. Nous voulons partout l'assimilation. A travail égal, salaire égal. C'est notre formule. Les seules différences seront celles qui viennent du talent et du travail. (*Applaudissements*).

Nous avons bon espoir, malgré les pronostics pessimistes, qu'il y aura une entente, une marche parallèle des différents partis républicains vers les réformes démocratiques et sociales... Vous ne serez pas oubliés.

Nous avons intérêt à ce que nos amis restent fidèles au drapeau le plus avancé, à ce qu'ils y trouvent le plus de sécurité pour eux-mêmes...

La République ne peut subsister que si elle réalise toutes ses promesses. (*Applaudissements*).

Il ne faut pas toujours parler de conflits d'intérêts dans le sein de la Patrie elle même. Il faut aussi parler d'accord...

Il est bon que vous qui ne pouvez pas, qui ne devez pas entrer dans les luttes violentes, il est bon que votre attitude modérée, tempérée, enlève à la bourgeoisie le regret qu'elle pourrait avoir en constatant l'ascension de la classe ouvrière... Aussi, plus vous ouvrirez l'esprit de vos élèves, mieux ils comprendront la philosophie de Descartes et la nécessité où ils sont, d'aller puiser aux sources pour se faire une opinion...

Si vous restez fidèles à cette mission que vos défenseurs attendent de vous — vous vous sentirez plus méritants des bienfaits qu'on vous accordera — surtout quand la séparation entre professeurs et répétiteurs aura disparu...

On est en train d'établir la lutte de classes dans l'Université... Nous qui ne revendiquons pas cette lutte mais qui l'acceptons, nous devons démontrer qu'elle doit disparaître, qu'il est de notre devoir de faire apparaître la réconciliation et de prouver d'abord aux professeurs que ce sont eux qui par leur attitude ont commencé la lutte de classes dans l'Université. (*Applaudissements*).

Travaillons à la disparition de cette lutte... Vous, vous n'avez pas à faire un pas. C'est aux professeurs que cela appartient. (*Applaudissements*).

Je sais Briand sourd aux revendications exclusives des professeurs. Il le montrera. Il a déjà commencé en attachant à son cabinet votre camarade Louis Bertrand. (*Vifs applaudissements*).

Chez vous, on a essayé une manœuvre réactionnaire. On a essayé de séparer les collèges des lycées... Aussi, est-ce avec plaisir que je constate votre union dans cette salle. (*Vifs applaudissements*).

On nous avait représenté les répétiteurs de lycée comme de petits bourgeois... C'est l'éternel procédé réactionnaire : diviser pour régner.

Votre union vous servira à acquérir du bien-être pour tous. (*Applaudissements*).

En terminant, Veber s'excuse d'avoir été si long et promet de travailler avec toute son énergie à l'amélioration de la situation des professeurs-adjoints et répétiteurs.

La péroraison de l'orateur est couverte d'applaudissements et d'acclamations prolongées.

*
* *

C'est le tour de Gustave Téry. A peine levé, il est salué par les applaudissements de tous les congressistes.

Il remercie les précédents orateurs des fleurs dont ils l'ont couvert et demande la permission de les partager avec ses camarades de la Presse.

Ce devoir rempli, il prévient qu'il ne veut être ce soir que professeur, malgré qu'on lui ait dénié cette qualité au congrès des professeurs. Dans ce congrès, de force il a été journaliste et rien que journaliste. Cela lui a permis d'entendre ses collègues se plaindre qu'on les obligeât à accompagner leurs élèves, de juger un pareil service extraordinaire, etc.

« Je me suis demandé, dit Gustave Téry, à ce mo-

mont, si l'Université républicaine n'était pas restée l'Université des Jésuites.

« A cause de cela, probablement, on m'a laissé entendre que j'étais un traître. C'est vrai. J'en tire orgueil. »

Gustave Téry rappelle ensuite les paroles de Veber sur la lutte de classes. « Mais il y a encore une autre façon de diviser pour régner. C'est de prendre des enfants du peuple pour en faire des bêtes à concours et les mettre ensuite au service de la bourgeoisie ». N'est-ce pas là l'histoire des professeurs ?

Aussi, c'est à nous qu'il appartient de rapprocher ces deux classes. Il faut que ce soit les mêmes maîtres qui donnent le même enseignement à tous et que la différence ne vienne que du talent.

Le dilemne est posé : trahir le peuple, ou trahir la bourgeoisie qui se sert de nous. Nous sommes pour le peuple.

N'oublions pas que dans notre république fraternelle, nous sommes dans l'Université pour faire des républicains.

Le discours de Gustave Téry, haché d'applaudissements, s'est terminé au milieu des acclamations.

Et c'est sur cette impression triomphale que les congressistes se sont séparés.

III.

ANNEXES

RAPPORT

SUR

LA SURVEILLANCE DE L'INTERNAT

Présenté au nom de l'Amicale du Lycée Hoche

Par F. PIATIER

> « Tant vaut le Proviseur tant vaut
> la réforme! »
> (M. Ribot, *séance du 8 février 1906*).

La déposition qui a le plus pesé sur les décisions de la Commission d'enquête parlementaire de 1899, a été sans conteste celle de M. Léon Bourgeois. L'ancien ministre de l'Instruction publique indiqua, par exemple, comment on pouvait, au moyen de l'autonomie de l'Internat des lycées, résoudre le problème réputé insoluble du répétitorat.

Opinion de M. Léon Bourgeois

« Les fonctions de surveillance purement matérielle, dit-il, devraient être distinctes, à mon sens, des fonctions de discipline supérieure et d'éducation.

« Comment voulez-vous que ce qu'il y a de plus élevé au monde, de plus difficile à faire : l'éducation des enfants, soit de même ordre, de même nature, considéré comme exigeant les mêmes aptitudes et les mêmes capacités que le fait matériel de conduire une division de la classe au réfectoire, ou de surveiller pendant la nuit l'ordre dans un dortoir?

M. le Président (M. Ribot). — Ne peut-on pas prendre le parti de distinguer nettement ce qui est fonction d'éducation et ce qui est simple surveillance?

M. *Léon Bourgeois.* — C'est tout à fait mon avis. L'éducation comporte trois ordres de soins : préparation intellectuelle, direction morale, surveillance matérielle. Dans le système actuel, on a aussi groupé ces trois éléments ; préparation intellectuelle réservée au professeur, direction morale et surveillance matérielle à l'administration, c'est-à-dire en fait au répétiteur; qui ne voit l'erreur commise?

« C'est la direction morale qui doit être absolument unie à la préparation de l'esprit et confiée, si possible, à la même personne et, sinon, du moins, à des personnes de même situation, de même culture, pouvant s'associer étroitement à la même tâche. La surveillance purement matérielle peut, au contraire, être confiée, sans dommage, à d'autres collaborateurs ayant simplement un caractère sûr, une bonne moralité, en un mot : les modestes et solides aptitudes suffisantes pour cet objet.

« Je voudrais indiquer comment l'autonomie de l'établissement dont je suis, vous le savez, le partisan, permettra de résoudre précisément les difficultés de cette matière. Elle permettra au chef de cet établissement, *responsable*, de choisir librement ces collaborateurs inférieurs et modestes de la surveillance matérielle, suivant les renseignements qu'il se procurera personnellement sur leur compte.

« Il faut qu'il puisse les prendre autant que possible sur place, dans la ville même; qu'il ait, sous certaines garanties, bien entendu, le droit de les renvoyer quand il n'en sera pas satisfait, les surveillants ne seront pas des fonctionnaires classés, hiérarchisés dans le budget de l'État. C'est à l'établissement libre et autonome à recruter à son gré ceux auxquels il n'a à demander que cette collaboration toute matérielle (1). »

⁂

La Commission d'enquête parlementaire adopta intégralement les vues de M. Léon Bourgeois.

Opinion de M. Raiberti

« D'ailleurs, écrit M. Raiberti dans son *Rapport sur le régime intérieur des lycées et collèges*, cette organisation n'est point nouvelle. Elle a été essayée à Sainte-Barbe, où les répétiteurs

____

(1) Tome II des dépositions, page 800.

avaient été remplacés par des professeurs, et où les fonctions de pure surveillance avaient été confiées à de jeunes candidats à l'agrégation. Elle a été également éprouvée à l'Ecole Monge, où il y avait deux personnels distincts: celui de l'internat et celui de la surveillance de la journée; insoluble aujourd'hui, la question du répétitorat se résout d'elle-même dès qu'on distingue les fonctions de répétiteur ou professeur-adjoint et celles de maître interne, dès qu'on sépare le personnel de l'externat de celui de l'internat.

« C'est par l'autonomie du lycée, c'est par la séparation des budgets de l'internat et de l'externat que nous avons résolu toutes les difficultés que nous avons rencontrées jusqu'ici dans l'étude du régime intérieur des lycées. C'est par elle encore que cette question épineuse du répétitorat recevra une solution qui, dans le système actuel, paraît, aux plus habiles, impossible à trouver (1) ».

Projet du Ministre

Enfin, dans une lettre adressée à M. Ribot et que publiait le *Petit Temps* du 24 janvier 1902, M. Leygues, alors ministre de l'Instruction publique, déclarait se rallier aux idées exprimées par M. Léon Bourgeois et aux conclusions de la Commission d'enquête.

« La séparation du service de l'internat et du service de l'externat, écrivait-il, rend possible une solution du problème du répétitorat. Le proviseur sera maître de s'adresser pour les divers services de l'internat à des personnes prises en dehors de l'établissement qui lui offriront des garanties d'honorabilité suffisantes... Ce régime, d'ailleurs, ne saurait être, avant l'épreuve, arrêté dans tous ses détails... L'expérience sera indispensable pour contrôler les prévisions et fixer des règles. Il faut donc prévoir une période transitoire peut être assez longue, mais les difficultés à résoudre ne doivent pas nous arrêter. Le système actuel a donné tout ce qu'il peut donner. Il provoque trop de critiques légitimes pour qu'il soit permis de s'y tenir. »

La Chambre et le Sénat ratifièrent à l'unanimité les propositions du Ministre et de la Commission d'enquête.

Les résultats de l'expérience

Au 1er octobre 1902 (2), l'autonomie fut accordée à 17 lycées, à

---

(1) *Rapport Roiberti*, p. 106. D'après Hédorez, t. II de l'Enq. parlem., p. 75-77 ; — l'ajot, t. II, p. 639 ; — Léon Bourgeois, t. II, p. 690.

(2) L'autonomie financière n'a commencé qu'au 1er janvier 1903 ; mais l'organisation du lycée, en ce qui concerne le personnel d'internat, a été établie à partir du 1er octobre 1902.

raison de un par Académie sauf deux pour l'Académie de Paris. Au 1er octobre 1903, elle fut étendue à 23 établissements nouveaux; puis, au 1er octobre 1904, à 20 autres lycées; enfin, au 1er octobre 1905, elle l'a été à tous les lycées qui restaient encore soumis à l'ancien régime, sauf toutefois aux 16 lycées de Facultés qui ne deviendront autonomes qu'à partir du 1er octobre 1906. A l'heure actuelle, la Réforme Ribot-Bourgeois-Leygues est réalisée dans 93 établissements sur 109. Elle est donc en plein fonctionnement.

A-t-elle répondu aux espérances de ses parrains? En un mot, qu'a t-elle donné dans la pratique? En décembre 1904, en réponse à une question de M. Ribot, M. le Ministre Chaumié, après plus de deux années d'expérience, déclarait à la tribune de la Chambre qu'elle était des plus heureuses. Je cite l'*Officiel*:

M. le Ministre. — Je crois qu'il est intéressant de vous donner le résultat de la réforme économique des lycées, les lycées autonomes, et de la division entre le budget de l'internat et le budget de l'externat.

Vous savez — je n'y reviens pas — comment un certain nombre de lycées se sont vus accorder l'autonomie. On a fait d'abord un premier essai et on a choisi pour cela un lycée par académie. Puis, l'an dernier, vingt-trois autres lycées ont été désignés, ce qui porte le chiffre des lycées autonomes à quarante. Au 1er janvier prochain, il y aura soixante lycées autonomes en France. *Ils ont donné les meilleurs résultats.*

On a établi d'abord une distinction entre la surveillance d'internat et les répétiteurs d'externat. Vous savez que pour surveiller l'internat, les proviseurs des lycées autonomes sont autorisés à faire appel à diverses catégories de personnes. Le choix peut se décomposer en quatre divisions:

1° les fonctionnaires même du lycée, répétiteurs d'externat, maîtres primaires, professeurs qui sollicitent le poste afin d'ajouter par un travail supplémentaire à leurs ressources modestes une rétribution très utile. Le nombre de ces derniers est, il est vrai, peu important;

2° des répétiteurs de collège qui demandent à être surveillants d'internat dans les lycées; le nombre de ces derniers s'accroît et nous n'avons qu'à nous louer de leurs services;

3° les instituteurs détachés de leurs fonctions;

4° enfin, des personnes étrangères à l'Université, d'anciens fonctionnaires, et, dans les villes de Faculté, des étudiants qui voient là, l'équivalent d'une bourse d'étude.

J'ajoute que les proviseurs font tous leurs efforts pour que cette surveillance d'internat soit à la fois attentive et paternelle. Il s'est produit en même temps une amélioration considérable dans la situation des répétiteurs d'externat. Dégagés de ces fonctions peu en harmonie avec les grades que beaucoup avaient conquis, de la simple surveillance des dortoirs, des récréations, etc., les répétiteurs ont compris qu'ils devenaient des répétiteurs dans le véritable sens du mot, c'est-à-dire en quelque sorte, des professeurs-adjoints dont l'émulation est provoquée par l'initiative des proviseurs qui ont pu, dans bien des cas, leur confier une sorte d'enseignement complémentaire.

Il en est résulté un profit pour les élèves qui sont entourés d'une bienveillance éclairée par des hommes qui, au lieu de se sentir enlisés pour ainsi dire dans leur situation présente, y voient au contraire le premier degré d'une carrière dans l'enseignement et qui y apportent, avec le feu de la jeunesse, la confiance que donne l'espoir dans l'avenir. C'est tout profit pour les élèves et pour l'Université en même temps ; car ces maîtres travaillent à obtenir des grades supérieurs et nous préparent des chargés de cours et des professeurs de collège dont le savoir se doublera de l'expérience acquise dans le contact journalier des enfants.

Enfin, Messieurs — et c'est la dernière indication que j'ai à vous fournir — vous savez que les lycées autonomes ont une liberté assez grande dans l'attribution des diverses ressources de leur budget. Et, déjà, dans les rapports que nous font les proviseurs, apparaît cette variété intéressante qui ne se voyait pas alors qu'il y avait un programme uniforme pour tous. Certains lycées, avec un meilleur emploi des sommes mises à leur disposition, ont pu créer des cours nouveaux. D'autres, ont institué des conférences en faveur des élèves plus faibles, ce qui a produit de très heureux résultats. Dans d'autres, enfin — et les intérêts matériels ne sont pas à négliger quand il s'agit d'enfants en voie de formation — on a amélioré la nourriture et les soins.

« Il y a là une ère nouvelle qui se manifeste dans l'Université et qui, évidemment, ne fera que s'épanouir plus complètement. C'est très consolant, parce que c'est en même temps la manifestation de ce que peut faire l'initiative individuelle quand elle n'est plus enserrée dans des liens trop étroits. (*Applaudissements*).

« Je suis heureux d'avoir eu l'occasion, au cours de la discussion du budget, de fournir à la Chambre ces quelques renseignements et de pouvoir signaler des résultats qui seront accueillis avec satisfaction de tous les côtés de la Chambre. Excusez-moi, si, au cours de cette discussion, je me suis attardé dans cette heureuse clairière. » (*Applaudissements*).

*
* *

Critiques tendancieuses et préconçues

Contre ces affirmations optimistes, étayées sur une expérience de deux années, le Bureau de la *Fédération des Professeurs de Lycées* s'est inscrit en faux. Il a, notamment, apporté de vives critiques contre l'institution des surveillants d'internat (1).

------

(1) Il y a présentement 562 surveillants d'internat; ils ont été, pour la plupart, recrutés parmi les répétiteurs de collège et les jeunes gens pour-

On a dit tout d'abord que les surveillants d'internat laissaient
fléchir la discipline parce qu'ils sont jeunes et inexpérimentés.
On s'est bien gardé de citer des *faits* précis : c'eût été mettre les
proviseurs des lycées désignés en mauvaise posture.

La réforme de l'internat est, en effet, selon l'expression de
M. Ribot, « la pierre de touche des bons proviseurs ». — « Tant
vaut le proviseur, tant vaut la réforme. » Et c'est absolument
vrai. Au dortoir, par exemple, le répétiteur ou le surveillant a
tout juste l'autorité que lui donne le chef de l'établissement...
Les surveillants n'ont pu échouer — s'ils ont échoué — que là où
les répétiteurs ne réussissaient pas. De cela, les professeurs n'ont
pas daigné s'apercevoir. Par contre, nous connaissons des lycées
qui vont mieux depuis l'autonomie ; de mauvaise, la discipline
générale est devenue très bonne... Pourquoi ? Simplement parce
qu'ils ont changé de proviseurs.

D'ailleurs, il n'y a pas de raison valable pour que la discipline
des surveillants au lycée soit inférieure à celle des répétiteurs
dans les collèges ; ceux-ci sont également des jeunes gens, des
débutants, et leurs débuts ont lieu dans des conditions moins favorables que ceux des surveillants. On ne saurait trop le répéter :
la discipline est ce que le chef de l'établissement veut qu'elle
soit.

On a dit aussi : le recrutement des surveillants d'internat sera
difficile. Les faits ont prouvé le contraire ; et il était facile de
prévoir qu'il en serait ainsi. On ne chôme pas de répétiteurs de
collèges, hélas ! Or, leur situation matérielle est inférieure à celle
des surveillants ; un grand nombre d'entre eux sollicitent des emplois de surveillant et même le Ministre de l'Instruction publique
a dû, par une circulaire du mois d'août 1905, enrayer leur exode
vers l'internat des lycées. Il était donc certain que les emplois de
surveillant, une fois connus, ne chômeraient pas. (1).

____

suivant des études supérieures ou se destinant à une administration. Les
critiques dont ils ont déjà été l'objet sont purement tendancieuses et pré-
conçues dans l'ignorance de la réalité que voici : des rapports des proviseurs des lycées autonomes, il résulte que ces surveillants montrent sans
exception notable, un zèle évident à remplir leurs fonctions, un empressement du meilleur augure à s'appuyer sur les conseils et l'autorité des cen-
seurs, pour suppléer à leur inexpérience de débutants, et qu'ils ont réussi
à maintenir la discipline sans modification appréciable dans la vie intérieure
de nos lycées. (M. LINTILHAC, *Rapport au Sénat du budget de l'Instr.
publ. v. 1906*).

(1) A la tribune de la Chambre, lors de la discussion du budget, en 1908,
M. Paul Constans réfuta victorieusement les critiques que le Rapporteur du
budget adressait à l'autonomie de l'internat.

Les détracteurs de la réforme ont abandonné des accusations que les faits suffisaient à réfuter ; et ils ont dirigé d'autre façon leurs critiques plus ou moins justifiées.

Critiques de M Lanson

« Je ne doute pas, écrit M. Lanson (1) dans la *Revue Bleue*, que les surveillants d'internat n'aient été bien choisis, ne soient honnêtes, appliqués, dévoués Rien ne fera que l'institution ne soit fâcheuse... Je l'ai dit et ne cesserait de le redire : l'institution de surveillants d'internat est une fausse mesure, la pire de la réforme de 1902, et une mesure en réalité contradictoire au principe qui inspirait l'établissement, excellent en soi, du professorat adjoint. Il s'agissait d'abolir la séparation des fonctions d'enseignement et des fonctions de surveillance, qu'on reconnaissait mauvaise : qu'a-t-on fait ? On a ouvert l'enseignement aux répétiteurs. Mais on n'a pas supprimé la barrière, on l'a déplacée. On l'a reportée de l'autre côté des répétiteurs et l'on a organisé au-dessous d'eux une classe de surveillants, sans participation possible à l'enseignement. »

Et, cependant « n'est-ce pas le même enfant à travers tous les exercices, la même vie qui se prolonge et se manifeste à tous les moments de la journée, également intéressante et respectable partout ? Ces surveillants du sommeil et du corps connaîtront-ils les enfants comme celui qui les voyait exercer leur intelligence ? et les directeurs du travail de l'esprit les connaîtront-ils comme celui qui les saisissait dans l'abandon de leurs jeux et dans leurs plus intimes habitudes ? Si les répétiteurs actuels ont pu dire qu'ils étaient plus près des élèves que les professeurs, qu'ils avaient plus de moyens de les connaître, qu'ils pouvaient avoir sur eux une action plus personnelle, n'est-ce point justement à cette vie commune de toutes les heures qu'ils le devaient, à cette familiarité de la récréation, de la promenade et du dortoir ?

« En sera-t-il de même quand ils ne seront plus que des guides de l'exercice scolaire ou des distributeurs d'instruction ? » (2).

Comment donc résoudre le problème qui nous préoccupe ? « En opérant réellement, dit M. Lanson, la jonction de l'éducation et de l'instruction, de la surveillance et du professorat. » (2).

En conséquence, M. Lanson pose les principes généraux suivants : (3).

1. Le critérium souverain est l'intérêt des élèves.

2. Il n'y a pas de « basse » ni de « vile » besogne quand il s'agit d'éducation.

Il n'y a pas lieu de distinguer entre la surveillance de carac-

---

(1) *Revue Bleue*, 24 février 1906.
(2) Lanson, *Revue Bleue*, 24 février 1906.
(3) Lanson, *Revue Bleue*, 31 mars 1906.

tère intellectuel et moral, et la surveillance simplement matérielle. Toute surveillance d'enfants — mouvements, promenades, jeux, *dortoirs* — si l'on sait ce que c'est que l'éducation, a un caractère intellectuel et moral : on peut agir partout sur les jeunes consciences et les jeunes esprits ; on peut partout les connaître.

3. Le service d'enseignement et le service de surveillance sont également nécessaires et honorables.

4. Toute organisation juste doit aboutir à offrir à tous les élèves de tous les lycées et collèges, des conditions sérieuses d'enseignement et de surveillance, à tous les maîtres de tous les collèges et lycées, des conditions équitables et humaines d'existence.

M. Lanson donne ensuite les règles générales suivantes de la distribution des se.~~~es d'éducation dans les lycées proprement dits. Elles sont conformes aux conclusions de la Commission Ribot.

5. Il semble que l'on soit d'accord, depuis quelques années, sur ce point, que le mal, non seulement dont se plaignent les répétiteurs, mais dont souffre aussi l'éducation de la jeunesse dans les lycées et collèges, résulte en partie de la distinction absolue de l'enseignement et de la surveillance.

On a indiqué le remède (1) : *c'est la fusion des deux services.* Cette fusion ne peut se réaliser que par l'application des deux règles que voici :

Point d'enseignement sans surveillance
Point de surveillance sans enseignement,

Hors de là, la fusion ne sera qu'un mot.

6. Cela ne veut pas dire que tout le personnel aura la même quantité d'enseignement ou de surveillance à fournir, mais qu'à tout professeur sera attribué un minimum de surveillance, à tout répétiteur un minimum d'enseignement.

7. Les professeurs, actuellement, doivent douze à seize heures

------

(1) Le principe de la fusion des fonctions de professeur et de répétiteur, a été posé devant la Commission d'enquête, en 1899, par M. Léon Bourgeois (t. II, p. 690). « L'instituteur, très modestement, à un degré inférieur, mais très complètement, constitue, dans la pleine acception du mot, ce *maître* que nous cherchons à créer dans l'enseignement secondaire, c'est-à-dire, l'homme à la fois professeur et directeur. répétiteur et éducateur de ses élèves ; l'instituteur, dans son domaine modeste, donne un peu l'exemple de ce que devrait être partout, celui qui a charge des esprits et des âmes.

Il serait bon qu'il eût entré dans les cadres des lycées et collèges... pour y apporter des habitudes d'esprit qui sont excellentes et y montrer ce que peut donner la réunion en une seule main des tâches, aujourd'hui trop distinctes, du professeur et du répétiteur... J'admettrais que le professeur pût et *dût* même, dans certains cas, prendre des enfants en dehors de la classe et les faire travailler ; j'admettrais aussi que les répétiteurs pussent contribuer à l'enseignement pour certaines parties, je les chargerais de cours complémentaires, *j'en ferais des professeurs adjoints.* »

de service par semaine. On estime, je crois, en général, que trente-six heures par semaine, doivent constituer le service normal d'un répétiteur ; il est aisé d'en tirer la règle qu'une heure d'enseignement vaut, selon sa nature, deux heures, deux heures et demie, ou trois heures de surveillance.

Et ainsi, chaque répétiteur à qui l'on donnera deux heures de classe à faire, devra quatre, cinq ou six heures de surveillance de moins que trente-six heures.

Chaque professeur, à qui l'on donnera quatre, cinq ou six heures de surveillance, devra deux heures de classe de moins que douze, quatorze ou seize heures.

8. En diminuant de deux heures, le service d'enseignement pour les professeurs ou pour un certain nombre d'entre eux (selon les grades et l'âge), et en le complétant par des surveillances, on aurait le moyen de fournir effectivement du service d'enseignement aux répétiteurs, et d'en faire de vrais professeurs-adjoints.

9. Les surveillances attribuées aux professeurs peuvent consister en surveillances de jeux, promenades, etc., aussi bien que d'études, selon la commodité du service.

Tout mouvement doit être dirigé par le maître qui est de service, immédiatement avant ce mouvement.

Toute récréation d'interclasse est surveillée par le professeur chargé de la classe qui la précède, et compte comme service de classe.

10. Tout agrégé fera un stage d'un an comme répétiteur.

Ce stage de trois ans *au moins*, pour un licencié, et de cinq ans *au moins* pour un bachelier.

Le service du dortoir, d'après M. Lanson

Voici, enfin, comment M. Lanson assure le service du *dortoir* :

11. Aucune catégorie du personnel d'un lycée ou collège, n'est dispensé du service de dortoir.

12. La surveillance de dortoir sera distribuée de façon à ne pas charger, outre mesure, le personnel. Elle devra peser surtout sur les plus jeunes et les célibataires.

13. On pourrait concevoir la répartition suivante :

A. — RÉPÉTITEURS. — Les agrégés *célibataires*, faisant un stage de répétiteur, et les répétiteurs licenciés, ou bacheliers *célibataires*, feraient la surveillance de dortoir cinq fois par semaine.

Après QUINZE ANS de service, les répétiteurs licenciés ou bacheliers, ne devraient plus que trois surveillances de dortoir par semaine.

A *cinquante* ans d'âge, ils n'en devront plus qu'une.

Les répétiteurs *mariés* ne devront, jamais, plus de trois surveillances.

Après *dix* ans de service, ils ne devront plus qu'une surveillance hebdomadaire. Ils feront fonction de suppléants des surveillants ordinaires.

A *cinquante* ans d'âge, ils seront déchargés de toute surveillance de dortoir.

B. — PROFESSEURS. — Le professeur bachelier, célibataire ou marié, devra le service du répétiteur-licencié de même catégorie.

Le licencié *célibataire* devra trois surveillances par semaine. Après dix ans de service, il n'en devra plus qu'une. A cinquante ans d'âge, il sera déchargé.

L'agrégé célibataire devra une surveillance hebdomadaire. Après dix ans de service, il sera déchargé.

L'agrégé marié sera exempt de surveillance de dortoir, après son année de stage.

C. — MESURES DE TRANSITION. — Les professeurs ayant vingt ans de service ne seront pas obligés d'accepter des surveillances d'étude et de dortoir. — Les répétiteurs ayant vingt ans de service, ne seront pas obligés d'accepter des heures d'enseignement. Ils participeront au nouveau régime du dortoir.

****

Les conséquences. — Telle est « la solution équitable » que donne M. Lanson du problème de la surveillance au dortoir. Il n'est pas difficile de voir qu'elle revient, en l'aggravant, à l'ancien régime, si dur cependant pour les répétiteurs et dont le Ministre disait « qu'il a donné tout ce qu'il peut donner et qu'il n'est plus permis de s'y tenir. » Comme auparavant, les répétiteurs seront seuls à coucher au dortoir.

Il y a dans nos lycées 535 dortoirs (1) dont la surveillance avant la réforme de 1902, était assurée par des répétiteurs internes et par des répétiteurs demi-externes, c'est-à-dire ne devant que 3 nuits par semaine. D'après le *Rapport du budget de l'Instruction publique pour 1902*, il y avait à cette époque 542 répétiteurs internes et 559 répétiteurs demi-externes dont un petit nombre seulement, qui variait avec les établissements, était astreint *effectivement* au service de nuit. En outre, 525 répétiteurs externes étaient exonérés de toute surveillance au dortoir.

Le demi-externement était de droit au bout de quatre ans de service et à trente ans d'âge si l'on était célibataire, à vingt-cinq ans d'âge si l'on était marié. M. Lanson accorde le demi-externement sans condition d'âge à tout répétiteur marié, ce qui ne change rien *en fait*, car il est rare qu'un répéti-

---

(1) Rapport Raiberti.

teur se marie avant l'âge de vingt-cinq ans. Mais il ne le permet au célibataire qu'au bout de 15 ans de service, *sans limite d'âge.*

Un licencié célibataire qui, comme cela se produit d'habitude, débuterait à 25 ans, *ferait* le dortoir cinq nuits sur six jusqu'à 40 ans, puis une nuit sur deux de 40 à 50, et enfin à partir de 50 ans et jusqu'à sa retraite, il ne le ferait plus qu'une nuit par semaine. Marié, il le surveillerait de 25 à 35 ans, trois nuits par semaine ; ensuite, il ne devrait plus qu'une nuit hebdomadaire... C'est là ce que M. Lanson ose appeler «des conditions équitables et humaines d'existence (1) ! »

Les répétiteurs célibataires, agrégés, licenciés, bacheliers, et les répétiteurs mariés ayant moins de dix ans de service, suffiraient certainement à assurer la surveillance du dortoir. Les suppléances devant être remplies par les répétiteurs mariés ayant plus de dix ans de service et moins de cinquante ans d'âge, il est bien évident que dans les lycées pas un professeur ne serait susceptible de coucher, *en fait*, au dortoir.

D'ailleurs, un très petit nombre seulement *devrait* la surveillance de nuit. L'agrégé marié en est, en effet, dispensé. Les chargés de cours ont presque tous dix ans de service, et, pour la plupart, sont mariés. Donc, seuls, les agrégés célibataires ayant moins de dix ans de service, et les chargés de cours n'ayant pas atteint la cinquantaine, devraient une surveillance hebdomadaire tout comme le répétiteur célibataire ayant plus de cinquante ans d'âge : autant dire que cette obligation serait toute de principe.

Ainsi le service de dortoir serait, *en fait*, assuré dans les lycées par les seuls répétiteurs. On montrerait aisément qu'il en serait de même dans les Collèges. Le système imaginé par M Lanson n'est autre chose que le retour à l'ancien régime que tout le monde, cependant, a reconnu mauvais (2).

Mais par quelle contradiction M. Lanson considère-t-il que les professeurs et les répétiteurs sont égaux hebdomadairement devant le service de jour (3) et ne le sont devant le service de

---

(1) V. plus haut, paragraphe 4. — Je ne m'arrête pas à la question des débouchés . M. Lanson spécifie que tout répétiteur aura *droit* à un poste de professeur de collège au bout de 8 ans de service Or, il y aurait comme par le passé 2300 répétiteurs dans les lycées et collèg s ; les débouchés qui s'offrent à eux sont actuell·ment de 100 plac·s au plus par an. Admettons qu'il y en ait 150 : c'est près de 15 ans de se·vice qu'il faudrait pour sortir du répétitorat.

(2) M. Ribot. — Séance du 13 février 1902.

(3) V. plus haut, paragraphe 7.

nuit ? La justice la plus élémentaire commande le partage du service au dortoir également entre tous. Sinon, si on la réserve au licencié ou au bachelier plutôt qu'à l'agrégé, au répétiteur plutôt qu'au professeur, si on en délivre « ceux qui ont le plus de science (1) » pour en charger pendant la plus grande partie de leur carrière ceux qui ont les plus faibles salaires, comment veut-on que, selon la très juste expression du recteur de Bordeaux (2), « la surveillance au dortoir ne reste pas une chose humble aux yeux des élèves, des familles et des maîtres eux-mêmes ? »

Il ne suffit pas de dire « qu'il n'y a pas de *basse* ni de *vile* besogne quand il s'agit d'éducation », « que le service d'enseignement et le service de surveillance sont également nécessaires et honorables », il faut encore le faire partager à l'opinion et ce n'est certes pas par le replâtrage d'un état de choses depuis long-temps condamné que l'on y parviendra.

Le service du dortoir sera obligatoire pour tous ou facultatif pour tous

A l'heure actuelle, les demi-mesures ne sauraient suffire. La surveillance au dortoir, sera, ou bien *obligatoire* et de même durée pour tous, professeurs et répétiteurs ; ou bien *facultative* pour tous et, par suite, assurée par un personnel spécial.

L'obligation peut avoir lieu de deux façons :

1° Le service du dortoir serait partagé intégralement entre tous, professeurs et répétiteurs.

Il serait facile de montrer qu'aucun d'eux ne ferait jamais plus de trente nuits par an. Ce système aurait l'avantage « de ne pas charger outre mesure le personnel », mais il présenterait le grave inconvénient de faire passer les élèves de main en main, au préjudice de la discipline.

2° Le service du dortoir serait assuré par tous ceux qui débutent dans l'enseignement secondaire.

L'expérience a prouvé que pour que le répétiteur chargé du service de nuit l'accomplisse avec la bonne humeur nécessaire à celui qui doit vivre avec des enfants, il ne faut pas qu'il soit marié, et que, célibataire, il ait la certitude de pouvoir être libéré de ce pénible service au bout de trois ou quatre ans. Cette certitude implique nécessairement l'existence de débouchés en nombre suffisant.

---

(1) Lanson. — *Revue Bleue*, 31 mars, p. 386.
(2) Tome IV des Dépositions.

Or, ces débouchés n'existeraient que pour les agrégés. Les licenciés et les bacheliers ne pourraient espérer leur libération de la surveillance de nuit qu'au bout de 14 ou 15 ans. Et c'est précisément cette situation douloureuse (1) qui a conduit la Commission d'enquête de 1899 et le Ministre d'alors à adopter la solution préconisée par M. Léon Bourgeois, à rendre la surveillance de nuit *facultative* aux professeurs et répétiteurs, c'est-à-dire, en fait, à la confier à un personnel spécial.

***

Ce qu'est la surveillance au dortoir

Et cela peut avoir lieu sans dommage pour les élèves. Lorsque M. Lanson écrit que « les répétiteurs pouvaient avoir sur les élèves une action plus personnelle que les professeurs, ils le devaient à cette vie commune de toutes les heures, à cette *familia. rité* de la récréation, de la promenade et du *dortoir* », « il lui manque peut-être, en l'espèce, l'expérience de ce que pèse le « cauchemar » du dortoir, après l'écrasante vigilance des études (2). »

En quoi consiste, en effet, la surveillance au dortoir ? Je ne saurais mieux le déterminer qu'en citant les « réflexions » suivantes de l'un des nôtres (3).

« Dans une cour de lycée, huit heures et demie du soir. Les élèves sortent du réfectoire et forment les rangs sous l'œil ennuyé d'un surveillant-général qui ne pardonne guère au destin de faire durer sa journée de travail bien au-delà du coucher du soleil. Il ne donne pas immédiatement, à sa division, le signal du départ. On dirait qu'il s'impatiente.

« A son regard braqué sur le fond d'un couloir, on devine qu'il attend quelqu'un. Cette minute d'attente est un siècle !... Enfin ! soupire-t-il ; et la division se met en marche. A quelques pas derrière, en effet, accourt à perdre haleine, d'une main tenant son pardessus jeté en hâte sur ses épaules, de l'autre ajustant son chapeau, celui qui va prendre sa tâche nocturne au dortoir.

Une ombre silencieuse et grave observe de loin le mouvement. C'est le censeur qui fait une ronde de service ou de digestion. Ce modeste retard l'irrite. Il se rapproche et va, d'un ton sévère, rappeler son devoir au délinquant. Soudain, il se ravise à la

---

(1) M. Ribot. — Séance du 13 février 1902.

(2) M. Lintilhac, sénateur. *Rapport du Budget de l'Instruction publique,* pour 1906.

(3) *La Tribune Universitaire,* 15 mai 1901.

pensée que cet homme, après sept ou huit heures d'étude, a dû, comme les enfants qu'il surveille, dîner en vingt-cinq minutes et qu'il doit maintenant, caché entre ses rideaux officiels, sous la lueur crue du gaz, essayer de s'imaginer qu'il est libre.

« Jusqu'à présent, mes amis, avez-vous remarqué dans ce prélude qui consiste à conduire les élèves de la table au lit, un moyen quelconque *d'éducation* proprement dite ?...

« Pendant que les élèves se déshabillent et se disposent à se coucher, le répétiteur va et vient, la tête penchée, songeur ou las. Mais il entend bientôt causer et rire autour de lui. Alors, s'il a reçu l'ordre formel de prendre le nom des indociles, et si, en même temps, il est sûr que la mauvaise note par lui marquée sera suivie d'une sanction inévitable, il n'hésitera pas à consigner toutes les infractions à la règle : la punition, rigoureusement appliquée en ce cas, voilà tout le secret. L'éducation au dortoir est là toute entière. Elle n'est que là. Si, en effet, averti par son expérience antérieure, le surveillant ne peut compter sur la confiance et l'énergie de ses chefs, il commettra fatalement une lourde erreur : c'est de croire qu'il peut, à ce moment-là, sans paraître amusant ou grotesque, adresser à des enfants ou à des jeunes gens en humeur de rire sous leurs draps, des conseils moralisateurs qui, même présentés sous forme comminatoire, égaient à nouveau l'esprit des intéressés en leur rappelant un refrain de nourrice :

Dormez, mes chers petits ; mes chers petits, dormez !

« Je défie qui que ce soit d'éviter ce danger. Or, le premier devoir d'un éducateur n'est-il pas d'échapper au ridicule ?

« Si la discipline intransigeante, en honneur, autrefois, dans les lycées de l'État, conserve toujours quelque droit à notre estime pédagogique, c'est assurément au point de vue spécial du dortoir. Réservons-lui ce dernier asile universitaire.

« Elle est, à mon avis, le seul moyen réel dont nous puissions disposer pour faire observer, à l'heure délicate du coucher et du lever des élèves, la gravité morale qui lui convient : celle du silence absolu.

« Les administrateurs ne l'ignorent pas. Aussi, en voit-on qui, beaucoup trop indulgents sur tous autres points, demeurent cependant inflexibles dans la répression du bavardage et de la mauvaise tenue au dortoir.

« De la nuit et du sommeil, rien à dire, sinon qu'un veilleur, très redouté des élèves, est chargé de passer plusieurs fois et remet le lendemain son rapport. Le répétiteur n'a qu'à dormir, à moins que pour donner ample satisfaction aux partisans de l'éducation nocturne, on ne l'oblige désormais, tel un gardien de prison au chevet des criminels et des condamnés à mort, à circuler du soir au matin entre les lits, attentif à noter tous les moindres soubresauts des jeunes dormeurs !

« Cinq heures ou cinq heures et demie du matin. Un roulement de tambour ordonne aux élèves de sauter au pied du lit. Pour la plupart, c'est une opération pénible. Mais croyez-vous qu'un petit discours, paternel ou brutal, ému ou courroucé, en cet instant précis où la nature est si éloquente, soit un agent bien efficace par lui-même ? Interrogez là-dessus les faits divers de la vie des lycées...

« On ne saurait sincèrement prétendre le contraire. Ici encore, c'est la crainte sérieuse du code disciplinaire qui, seule, peut réagir contre l'instinct. J'aime à penser, en effet, que l'on ne songe pas à nous imposer comme outil professionnel une clarinette ou une flûte dont les sons frétillants donneraient aux élèves l'agilité matinale.

« Au lavabo, je ne vois pas non plus la nécessité morale pour le répétiteur d'intervenir autrement que par une surveillance muette jusqu'au moment où l'on se dirige vers l'étude. Avant de les moraliser, laissons aux élèves le temps de... « recouvrer l'usage complet de leurs sens. »

« Tel est ce qu'on appelle le service du dortoir. Voilà pourtant où la subtibilité ingénieuse de quelques esprits s'efforce de trouver matière à méditations profondes sur notre rôle d'éducateurs !

« De tout ce qui précède une conclusion se dégage. Point n'est besoin, pour assurer le service de nuit, d'avoir pâli tout le jour sur Homère ou Virgile, ni de s'être initié aux mystérieuses combinaisons du calcul infinitésimal. *Une bonne santé physique, du bon sens, un sentiment de dignité morale, fortifié d'ailleurs par le souci naturel d'un emploi utile à conserver réalisent, en fin de compte, la somme des qualités exigibles à cet égard.* »

.˙.

Cela, les élèves et les familles le savent et ne comprendront jamais que professeurs et répétiteurs soient astreints à remplir, pendant une partie de leur carrière, une fonction à laquelle suffisent, selon l'expression de M. Léon Bourgeois, « des hommes ayant simplement un caractère sûr, une bonne moralité. »

« Faites coucher un agrégé au dortoir, disait M. Couyba (1), on lui aura bientôt trouvé un air de valet de chambre. L'esprit gaulois est là sur son terrain. Il se rit des diplômes accrochés à des rideaux de lit. »

Ce que doit être le surveillant d'internat

En définitive, que faut-il au dortoir ? Des hommes pour lesquels l'emploi de surveillant soit essentiellement passager. Aussi, M. Léon Bourgeois désirait-il « qu'ils fussent recrutés sur place, dans la ville même. »

Aux employés de banque, de préfecture, des postes, aux surnuméraires de l'enregistrement, aux agents-voyers auxiliaires, aux

____

(1) M. Couyba — Séance du 12 février 1903

élèves en notariat, etc., les emplois de surveillant devaient permettre de passer plus facilement les années de début, toujours médiocrement rétribuées. Et c'était bien la fin du pur pionicat, de la surveillance d'internat-carrière.

Mais les proviseurs n'ont pas toujours apporté au service de surveillance l'élasticité nécessaire pour la réalisation intégrale de l'idée de M. Léon Bourgeois. Ils ont souvent fait appel aux répétiteurs de collège et aux anciens élèves des lycées qui se destinent à l'enseignement secondaire.

Aussi, M. Lanson écrit-il : « On réforme le prolétariat des pions, au moment où l'on affirme qu'on le supprime (1) ».

Le surveillant d'internat n'est pas l'ancien maître d'étude

Il n'est pas juste de dire que le surveillant d'internat, c'est l'ancien maître d'étude. Le maître d'étude était taillable et corvéable à merci, vingt heures sur vingt-quatre. C'était le forçat du lycée, accablé de besogne, rudoyé, méprisé, et qui devait fatalement s'éterniser dans sa triste geôle, faute des loisirs nécessaires à la préparation de la carrière qu'il avait rêvée: sa situation était sans issue.

Le surveillant d'internat est libre toute la journée, sauf de midi à une heure et demie. Il jouit de libertés de nuit que ne connaissait pas le maître d'étude, ni même le répétiteur interne. Il peut préparer ses examens, ou occuper un emploi stable au dehors.

Mais, dit M. Lanson (2), « il ne faut pas être bien malin, pour prévoir qu'il y aura avant peu, un certain nombre de jeunes gens qui auront manqué l'entrée de la profession qu'ils avaient choisie, qu'ils resteront là, faute de mieux, et deviendront des surveillants de carrière ; que, dans l'encombrement croissant des fonctions libérales, et la concurrence plus âpre, ce résidu s'augmentera avec rapidité, et que dans vingt ou trente ans, nos héritiers retrouveront entier le problème du répétitorat, que nous nous serons donné l'illusion de résoudre... Au point de vue de l'intérêt public, ce qui importe... *c'est de trouver l'organisation qui ne laissera plus se former, dans nos lycées et collèges, ce dépôt d'injustice, de souffrance et d'amertume*, et ne condamnera pas de nouvelles générations de maîtres au « douloureux calvaire », ni au « hideux cauchemar », comme on dit, dont nous aurons délivré la présente. »

Le problème à résoudre

Et M. Lanson ajoute: « J'estime inacceptables, toutes les solu-

---

(1) *Revue Bleue*, 24 février 1902.
(2) *Revue Bleue*, 21 février 1902.

tions qui, faisant passer dans le corps des professeurs, les répétiteurs actuellement en fonction, et les déchargeant des parties du métier qui leur plaisent le moins, laisseraient subsister, ou reformeraient un prolétariat universitaire, condamné de nouveau à s'aigrir dans une vie misérable (1). »

Est-il besoin de dire que les répétiteurs partagent entièrement l'opinion de l'éminent professeur de la Sorbonne ? Cependant, ils croient fermement qu'il y a mieux à faire, pour conjurer le péril, peut-être imaginaire, qu'il signale, que de revenir à l'ancien état de choses condamné par tous, au service du dortoir, érigé en carrière pour les répétiteurs.

Il y aurait une solution radicale : ce serait d'assimiler l'emploi de surveillant d'internat à une bourse d'enseignement supérieur, qui cesserait au bout de trois ou quatre ans, par exemple. Mais on se heurterait, peut-être, à de grosses difficultés. En outre, cette mesure n'empêcherait pas l'emploi de surveillant d'être surtout recherché par ceux qui ont, avant tout, besoin de vivre, et qui, dès qu'on les en priverait, deviendraient de véritables « sans-travail... »

La solution

Mais on peut trouver une solution qui ne présente ni ces difficultés probables, ni ces inconvénients certains.

1° Dans les lycées de Faculté, au nombre de 18, dont 4 à Paris, dans les 4 lycées de la banlieue parisienne, et dans les 8 lycées (2) situés dans les villes où il existe des Ecoles supérieures de sciences, lettres, médecine et pharmacie, les Proviseurs seraient invités à recruter leurs surveillants parmi les boursiers de l'enseignement supérieur et les autres étudiants en sciences, lettres, droit, médecine, pharmacie. L'expérience a montré que ces jeunes gens, qui s'en vont d'eux-mêmes, une fois leurs études faites, recherchent volontiers ces emplois, qui sont pour eux de véritables bourses.

2° Dans les 74 autres lycées d'internes, le nombre des surveillants nécessaires est exactement de 420.

Les Proviseurs seraient invités à les recruter parmi les élèves sortants des Ecoles normales primaires, *à défaut de candidats habitant la ville même.* L'idée n'est pas nouvelle.

Dans les écoles primaires supérieures et les écoles profession-

<hr>

(1) *Revue-Bleue*, 31 mars 1900.
(2) *Amiens, Angers, Chambéry. Limoges, Nantes, Reims, Rouen, Tours.*

nelles, l'autonomie existe, et la surveillance de l'internat a toujours été assurée, de leur plein gré, par des instituteurs-adjoints. Il pourrait en être de même dans nos lycées, où l'emploi est plus avantageux. Les meilleurs élèves des Ecoles normales primaires ne manqueraient pas de solliciter ces postes pour préparer Saint-Cloud, le professorat des écoles normales, le baccalauréat, etc. En admettant le cas improbable où il n'y aurait pas de candidats dans la ville même, et où les instituteurs-adjoints ne voudraient occuper l'emploi de surveillant que pendant un an, il faudrait un nombre de ces derniers, par Ecole normale, au plus égal à 5. La chose est donc parfaitement réalisable.

Une telle solution aurait encore le précieux avantage d'opérer le rapprochement de deux personnels, qui, actuellement, s'ignorent et qui ont cependant le plus grand intérêt à se connaître et à s'apprécier mutuellement.

Le professorat-adjoint dans les collèges

Quant à ceux qui se destinent à la carrière de l'enseignement secondaire, ils débuteraient comme répétiteurs de collège, au traitement de répétiteur de lycée et avec le service de surveillant d'internat de lycée. Dans les collèges, le nombre des dortoirs est de **247** (1).

Etant donné les débouchés normaux, (postes de surveillants-généraux de lycées ou de collèges, de professeurs-adjoints de lycée, de professeurs de collèges, de stagiaires à l'économat des lycées, etc.), on peut affirmer que tout répétiteur de collège pourrait être exempté de la surveillance de dortoir au bout de 3 ans de service et — pour assurer au service toute l'élasticité convenable — à partir de 25 ans d'âge. La solution est possible dès maintenant : elle pourrait commencer au 1er octobre prochain, ce serait le professorat-adjoint, annoncé dans les collèges.

Ainsi, le surveillant d'internat n'est pas un fonctionnaire du secondaire dans les lycées. Il l'est, au contraire, dans les collèges; et comme nous supposons qu'il a le même traitement, à grade égal et suivant son ancienneté, que le répétiteur de lycée, il devient, par les débouchés qui s'offrent, indifféremment : professeur-adjoint de collège, ou professeur-adjoint de lycée, ou professeur de collège, etc.

---

(1) Chiffre communiqué par M. Buzin, Président de la Fédération Nationale des Répétiteurs de Collèges.

Telles sont les mesures qui, tout en sauvegardant le principe fécond de l'autonomie dans les lycées, nous paraissent propres à résoudre *pratiquement* le problème de la surveillance de nuit dans les lycées et collèges. et cela, sans la crainte de « réformer un prolétariat universitaire, condamné de nouveau à s'aigrir dans une vie misérable. » Il est impossible de le méconnaître.

Et si les détracteurs de la réforme Ribot-Bourgeois-Leygues — le bureau de la Fédération des Professeurs de Lycées, par exemple, — n'ont en vue que le souci des intérêts de l'enseignement public, ils conviendront que cette «solution» mérite mieux qu'une fin de non-recevoir hautaine et dédaigneuse et, que d'être examinée avec « une mentalité d'ancien régime. »

F. PIATIER,

Répétiteur au lycée Hoche
à Versailles.

P.-S. — Pour en finir avec cette question irritante de la surveillance de l'Internat, j'ai prié le bureau de la Fédération nationale de vouloir bien procéder à une enquête minutieuse sur la marche des lycées autonomes. A son appel, toutes les Fédérations ont répondu. J'ai résumé ces réponses aussi fidèlement que possible. On verra, par des faits précis, que là, où la réforme n'a pas donné toutes les espérances qu'on était en droit d'attendre, la responsabilité des proviseurs est gravement engagée.

RAPPORT

SUR LE PROFESSORAT-ADJOINT

I

Objections des Professeurs à la participation des Répétiteurs à l'Enseignement

La participation des Répétiteurs à l'Enseignement est l'objet, depuis quelques mois, de controverses passionnées et violentes dans lesquelles il est souvent difficile de distinguer des raisons sérieuses et désintéressées.

La question est pourtant assez grave pour mériter qu'on l'étudie avec calme et bonne foi, à l'aide d'arguments fournis par la discrète et féconde expérience et non par les bruyantes et stériles déclamations.

Cette question, la Commission de l'Enseignement, présidée par Monsieur Ribot, l'avait traitée avec une sincérité rigoureuse, sans parti pris ni passion, inspirée par le seul désir de régénérer l'Enseignement Secondaire en faisant appel à l'union et à la bonne volonté de tous. Aujourd'hui, il est permis de se demander si la longue et laborieuse enquête dont les conclusions ont été adoptées par le Parlement ne va pas rester inféconde par l'égoïsme et l'intransigeance de quelques-uns.

Il n'est plus possible, actuellement, de se méprendre sur les intentions des quelques professeurs qui mènent la campagne contre l'organisation future du Répétitorat. Leur dessein est d'empêcher les Répétiteurs de collaborer à l'Enseignement. Pour l'exécuter, ils font appel à la solidarité de tous leurs collègues *« qui doivent se préparer à défendre vigoureusement leurs intérêts contre les convoitises des Répétiteurs. »*

Telle est l'œuvre très précise à laquelle sont conviés, par un petit nombre de leurs camarades, les membres du corps enseignant.

Elle mérite de notre part un examen attentif. C'est pourquoi nous entreprendrons de l'étudier dans ses parties essentielles pour mieux définir le rôle nouveau que les Répétiteurs entendent jouer dans l'Université.

Les objections que les Professeurs élèvent contre la participation des Répétiteurs à l'Enseignement, sont nombreuses et variées. Les principales sont tirées de l'étude et de la défense de leurs intérêts particuliers, les autres se rapportent aux intérêts généraux de l'Université. Ils nous pardonneront de suivre, pour leur répondre, un chemin différent de celui qu'ils ont pris en discutant d'abord les intérêts généraux de l'Université pour nous occuper ensuite de leurs intérêts particuliers.

OBJECTIONS TIRÉES DES INTÉRÊTS GÉNÉRAUX. — 1º La première objection est tirée de « *l'inexpérience absolue des Répétiteurs en matière d'Enseignement.* » Cet argument n'est pas sérieux. En premier lieu, les Répétiteurs ont au moins autant d'expérience pour diriger une classe que les jeunes agrégés qui débutent, et d'autre part, ils collaborent déjà à l'Enseignement dans leur Etude même, qui n'est, au fond, qu'une préparation de la classe.

Nous n'ignorons pas qu'on affecte dans certains milieux universitaires de considérer les Répétiteurs comme des « *Professeurs de silence* », n'ayant d'autre rôle que de maintenir impitoyablement l'ordre dans une étude, dont le rel'gieux silence conseille les pensées tranquilles. Aux auteurs de cette ridicule légende, il nous est facile de répondre que l'Etude est une réunion bien vivante, où les élèves travaillent librement, sans contrainte brutale, guidés, soutenus, et encouragés par leur maître.

2' La seconde objection, en apparence la plus sérieuse, peut se formuler ainsi: *La collaboration des Répétiteurs risque de compromettre la méthode, de détruire l'unité, et d'annihiler les résultats.*

D'abord, il faut s'entendre sur le sens de cette fameuse collaboration qui tourmente si fort certains professeurs. En demandant à concourir à l'instruction, les Répétiteurs n'ont jamais entendu se partager l'enseignement avec le professeur titulaire. Ils sont les premiers à reconnaître la nécessité de le laisser libre et indépendant dans sa classe.

Comme il est chargé de donner aux élèves l'enseignement

essentiel et de préparer les résultats, il est indispensable qu'il soit seul juge de la méthode. Les Répétiteurs ne prétendent pas, en un mot, se poser vis-à-vis de lui en *Maîtres de conférences* chargés de compléter son enseignement. Une semblable prétention de leur part serait simplement ridicule, et elle n'a jamais existé que dans l'imagination de quelques jeunes universitaires, aristocrates délicats et conservateurs obstinés, beaucoup plus préoccupés de division et de désordre que d'union et de vérité.

Les Répétiteurs veulent en effet collaborer à l'Enseignement, *non pour assister les professeurs mais pour aider les élèves.* Et le. ai.'. peut s'exercer utilement envers certains enfants que l'on est convenu d'appeler les traînards, les faibles, les indifférents. Peut-être quelques conférences supplémentaires, quelques répétitions, suffiraient-elles parfois à remettre dans la bonne voie une foule d'écoliers obstinément rebelles et paresseux. En vérité, une semblable collaboration ne saurait porter ombrage aux Professeurs; en tout cas, les élèves y trouveraient leur compte et les familles n'auraient pas lieu de s'en plaindre.

Enfin, les répétiteurs pourraient, sans compromettre la méthode, faire quelques leçons sur des matières en quelque sorte indépendantes, comme l'histoire, la géographie, les langues vivantes, l'histoire naturelle. Dans ces leçons, ils trouveraient souvent l'occasion de préciser et de développer les explications et les conseils donnés en étude.

Conclusion. — Ainsi comprise, la participation des Répétiteurs à l'Enseignement doit s'exercer dans l'intérêt des élèves.

Sans doute nous ne prétendons pas avoir déterminé à l'aide de quelques considérations générales la forme nouvelle dans laquelle elle s'exprimera. Nous pensons que, dans les sciences de l'Education comme dans celles de la Nature, l'expérience est un meilleur guide que la routine et les subtiles démonstrations. Certains professeurs veulent résoudre le problème à l'aide d'arguments à priori; il serait plus sage de leur part et plus libéral aussi de juger la réforme d'après les résultats, et d'attendre avant de la condamner les appréciations des Inspecteurs généraux, dont la haute compétence et l'absolue impartialité ne saurait être suspectées par personne. Ils préfèrent l'accueillir avec cet aristocratique dédain des vieilles renommées pour toutes les innovations; nous laissons aux gens sincères et désintéressés le soin de juger leur attitude.

Objections tirées des intérêts particuliers. — Il reste à

examiner comment les intérêts matériels des professeurs peuvent être menacés par les convoitises des Répétiteurs.

La participation des Répétiteurs à l'Enseignement est, paraît-il, de nature à arrêter l'avancement des Professeurs. L'Administration ne donnerait en effet des heures de classe aux Répétiteurs que pour se dispenser de créer des chaires nouvelles. Dès lors, les Professeurs des Lycées de province doivent renoncer au doux espoir d'aller à Paris et les professeurs de collège se résigner à ne jamais être nommés chargés de cours.

Il est impossible de prendre au sérieux un pareil argument.

Les Professeurs savent bien que les heures de classe dont les Répétiteurs doivent être chargés sont des heures supplémentaires existant déjà, et non des heures nouvelles créées par l'Administration. Leur objection s'adresse par conséquent à *l'institution même des heures supplémentaires*. En vérité, avec l'organisation future du Répétitorat, il n'y aura dans les lycées ni plus ni moins de chaires; il y aura simplement un changement dans l'attribution des heures supplémentaires. Réservées jusqu'ici aux seuls Professeurs, elles seront désormais partagées entre tous les membres de l'Enseignement secondaire.

CONCLUSION. — Il est facile maintenant de saisir la cause essentielle de la violente campagne menée contre la Réforme Ribot-Bourgeois, par quelques jeunes professeurs. L'application de cette réforme va diminuer dans une faible mesure leurs bénéfices. Puissent-ils se consoler de la perte de quelques deniers en songeant aux finances de la République et aux intérêts de l'Université, et ne plus s'acharner à discréditer une réforme dont l'impérieuse nécessité a été proclamée par les meilleurs esprits de notre temps.

II

Organisation nouvelle du Répétitorat

Que sera le futur Répétiteur?

Si le soin de répondre à cette question appartient surtout à l'expérience, il ne nous est pas défendu de chercher, dans le présent et dans le passé, certaines conditions de l'avenir.

D'après le décret du 28 août 1891, les Répétiteurs concourent à l'éducation et à l'Enseignement. Il convient d'abord de faire de ce décret une réalité en les associant à l'Enseignement.

Déchargé des fonctions de surveillance pure, débarrassé de toutes les besognes matérielles, le Répétiteur ne devra désormais s'occuper que de la direction de son étude. Il continuera et complètera en quelque sorte les conseils et l'assistance qu'il doit donner aux élèves, dans des conférences spéciales faites tantôt sous la direction du Professeur titulaire, tantôt sous sa propre responsabilité.

En étude, il préparera la classe. Attentif au travail des élèves, il s'appliquera à suivre leurs efforts, à noter leurs défaillances, pour renseigner utilement le professeur titulaire en toute circonstance. S'il prête aux enfants une aide discrète et éclairée, relevant les faibles, secouant les indifférents, encourageant les bons, il contribuera puissamment à établir parmi eux une discipline salutaire et féconde.

Son action ne s'arrêtera pas en étude. Elle s'exercera encore dans des conférences spéciales où il pourra, sous la direction et sur les indications du Professeur titulaire, reprendre quelques explications de la classe, et continuer certains exercices pratiques. Enfin il sera chargé, suivant ses titres et ses aptitudes, de faire des leçons supplémentaires sur des matières indépendantes comme l'histoire, la géographie, les langues vivantes, dans la mesure, — bien entendu — où sa collaboration à l'enseignement ne risquera pas de compromettre « *l'unité féconde ou la méthode nécessaire.* » Il sera ainsi un véritable « Professeur-Adjoint » concourant utilement à l'éducation et à l'instruction.

Il va de soi que cette conception du répétitorat est subordonnée à l'application de quelques principes essentiels qu'il convient dès maintenant de mettre en relief. — D'une part, si pendant l'Étude le Répétiteur doit consacrer tout son temps à diriger le travail des élèves, il semble nécessaire de le débarrasser de la besogne purement matérielle des écritures administratives qui lui incombent aujourd'hui. — D'autre part, il importe au plus haut point que son service, désormais calculé par semaine, soit fixé d'une manière définitive et invariable. Il faut, en d'autres termes, que le Répétiteur cesse d'être taillable et corvéable à merci et qu'il ne soit plus exposé à une foule de services éventuels qui le fatiguent et le découragent, quand ils ne le détournent pas de son véritable rôle.

Ces conditions ainsi établies, il semble possible de déterminer dans une certaine mesure la forme nouvelle du Répétitorat.

PROJET. — Les Répétiteurs concourent à l'éducation et à l'Enseignement. Ils sont chargés de la direction des études et de certaines classes.

La surveillance purement matérielle ne leur incombe plus.

Leur service est de 36 heures par semaine.

Lorsque le maximum de 36 heures par semaine sera dépassé, les heures supplémentaires seront payées :

Pour l'*Etude :* à raison de 50 fr. par heure et par an ;

Pour la *Classe :* d'après les tarifs en vigueur dans l'Enseignement secondaire.

Fonctionnaires de l'Université, les Répétiteurs sont de plain-pied avec les professeurs titulaires. Ils jouissent des mêmes prérogatives et sont investis des mêmes droits.

Ils sont représentés au Conseil Supérieur et dans les Conseils Académiques.

En matière d'avancement, ils sont régis par les mêmes lois et décrets qui règlent l'avancement des Professeurs titulaires.

En matière disciplinaire, ils sont soumis à la juridiction des Conseils élus de l'Université.

CONCLUSION — Telle est, bien vaguement esquissée, notre conception du Répétitorat de demain.

Nous n'ignorons pas qu'elle sera quelquefois d'application difficile ; nous savons qu'elle se heurtera à bien des obstacles.

Mais elle triomphera, parce qu'elle fait disparaître le divorce entre l'éducation et l'enseignement et prépare l'union et la communauté des efforts pour le plus grand bien des élèves.

Elle triomphera, parce qu'elle s'accorde avec les intérêts généraux de l'Université sans léser les intérêts des Professeurs.

Elle triomphera, enfin, parce qu'elle répare une vieille injustice en appelant à collaborer à une œuvre nécessaire les Répétiteurs dont on a jusqu'ici dédaigneusement affecté d'ignorer la valeur et la bonne volonté.

VICTOR SAINT-MARTIN,

Vice Président de l'Association des Répétiteurs
du Lycée d'Alger.

LE PROFESSORAT-ADJOINT

La conception de M. Lefèvre et ses possibilités de réalisation.

Le 5 avril 1905, M. Lefèvre, professeur de sciences de l'éducation à l'Université de Lille, exposait à l'Amicale des Répétiteurs du Lycée Faidherbe sa conception du professorat-adjoint.

Il estime que la séparation absolue des fonctions de professeur et de répétiteur est un mal ; il entend que dans les classes de grammaire et les classes élémentaires, il y ait fusion des fonctions, c'est-à-dire que les devoirs soient faits, les leçons étudiées sous la direction du maître qui enseigne.

C'était, sous une forme plus précise, plus logique, plus claire, l'expression des idées qui avaient inspiré les conclusions de la commission d'enquête présidée par M. Ribot ; c'était tout un plan hardi de réorganisation, base solide des discussions futures sur la question.

Le 1ᵉʳ congrès national des professeurs-adjoints et répétiteurs en 1905, sur la proposition du délégué de l'Amicale Faidherbe, adoptait la conception de M. Lefèvre comme un idéal lointain vers la réalisation duquel devaient tendre tous les efforts de ses membres. Les idées justes font vite leur chemin ; un an s'est à peine écoulé que de nombreuses et puissantes sympathies sont acquises au projet ; les ouvriers de la première heure, ceux que ce vaste programme avait séduits peuvent constater avec joie que l'utopie encore tant raillée aujourd'hui de la fusion des fonctions sera la réalité de demain.

Si la victoire complète s'annonce par des signes certains, il est encore des résistances à vaincre ; on ne discute plus la justesse, la nécessité de la réforme, on met en doute son côté pratique. Le moment nous semble venu de montrer à ces derniers détracteurs les possibilités de réalisation.

Donc, dans les classes de grammaire et dans les classes élémentaires le même homme serait à la fois professeur et répétiteur.

Peut-on imaginer avec la répartition actuelle des heures de classe, une organisation du service telle qu'on puisse atteindre ce but sans écraser le professeur sous une tâche trop lourde ; peut-on surtout éviter le morcellement de l'enseignement, c'est-à-dire éviter à tout prix de confier à plusieurs maîtres l'enseignement d'une même matière aux élèves d'une même classe. Nous espérons en prouver la possibilité.

Un maximum de 20 heures de services semble ne pouvoir être dépassé, le professeur ferait de 8 à 12 heures de classes, le reste de son service consisterait en heures de surveillance ; et que ce maximum ne paraisse pas trop faible ; n'oublions pas que ce ne serait plus une surveillance plutôt passive de la confection des devoirs et de l'étude des leçons, ce serait une action constante, méthodique, du professeur-répétiteur sur ses élèves ; il expliquerait ce qui n'aurait pas été compris en classe, l'illustrerait par des exemples ; ce serait un enseignement moins dogmatique, plus concret, une conversation de maître à élèves ; ainsi l'étude serait vraiment la prolongation de la classe ; et l'enseignement individuel fatiguant plus que l'enseignement collectif il apparaît même que la tâche serait plus laborieuse en étude qu'en classe.

De cette surveillance agissante du maître, il découle que les études plus homogènes ne devraient contenir qu'un nombre limité d'élèves. La collaboration du professeur et de l'élève, si elle peut se faire à voix basse pour une difficulté qui arrête un ou deux élèves, doit forcément se faire à haute voix pour celle qui en arrête un certain nombre. Toujours utile aux élèves d'une même classe, cette explication causerait une perte de temps regrettable pour ceux d'une autre classe. Donc une seule classe dans un local.

En second lieu, cette action du professeur n'est possible que si le nombre de ses élèves est limité ; une classe surchargée d'élèves disperserait et rendrait vains ses efforts. Un maximum de 25 élèves semble ne pouvoir être dépassé ; cela entraînerait des créations d'études et de chaires, mais notons que les répétiteurs actuels disparaîtraient et constatons qu'on ne verrait plus dans un même local des agglomérations de 35-40, voire 42 élèves, tellement serrés et si peu à l'aise, que les meilleurs mêmes sont dans l'impossibilité de fournir un travail sérieux. Cependant aucune construction nouvelle ne serait nécessaire, un simple aménagement des classes en études suffirait ; ainsi les élèves recevraient l'enseignement dans le local même où ils essaieraient d'en tirer profit. Le professeur principal enseignerait et surveillerait dans le même local ; seuls, les professeurs spéciaux seraient appelés à aller à l'heure fixe dans des locaux divers.

Ainsi, limitation du nombre d'heures du professeur à 20, du nombre des élèves d'une étude à 25, homogénéité des études, telles sont les conditions nécessaires à la réalisation du projet. Jusqu'ici aucune impossibilité, mais peut-être l'organisation du service va-t-elle présenter des difficultés plus sérieuses.

L'examen du tableau des heures attribuées à l'enseignement de chaque matière, et le calcul des heures d'études qu'il convient de lui assigner, nous fixera sur ce point.

Voir Tableau.

CLASSES DE GRAMMAIRE :

Division A

	Français latin	Langues vivantes	Histoire	Mathématiques	Sciences naturelles	Dessin	Totaux
6e A	10 h.	5 h.	3 h.	2 h.	1 h.	2 h.	23 h.
5e A	10 h.	5 h.	3 h.	2 h.	1 h.	2 h.	23 h.
4e A	10 h.	5 h.	3 h.	1 h.	1 h.	2 h.	22 h.
3e A	10 h.	5 h.	3 h.	2 h.	»	2 h.	22 h.

Division B

	Franç.	Langues vivantes	Histoire	Mathématiqu**	Sciences nature^lles	Physiq. Chimie	Morale	Ecritu	Dessin	Totaux
6e B	5 h.	5 h.	3 h.	4 h.	2 h.	»	»	1 h.	2 h.	22 h.
5e B	5 h.	5 h.	3 h.	4 h.	2 h.	»	»	1 h.	2 h.	22 h.
4e B	5 h.	5 h.	5 h.	5 h.	»	2 h.	1 h.	»	3 h.	26 h.
3e B	5 h.	5 h.	3 h.	4 h.	1 h.	2 h.	1 h.	»	3 h.	24 h.

D'après ce tableau, le nombre des heures de classe oscille entre 22 et 26 heures.; quel sera le nombre des heures d'études?

Admettons que la présence, au Lycée, du professeur n'est exigible qu'aux heures où les externes sont présents, soit entre 8 h. du matin et 7 h. du soir, et que

> de 12 h. à 12 h. 1/2, il y repas sous la présidence des administrateurs ;

> de 12 h. 1/2 à 1 h. 1/2 et de 4 h. à 5 h. jeux sous la direction des professeurs de gymnastique,

les heures de classe et d'étude restent les suivantes :

$$\left.\begin{array}{l} 8 \text{ h.} \quad \text{à } 12 \text{ h.} = 4 \text{ h.} \\ 1 \text{ h. } 1/2 \text{ à } 4 \text{ h.} = 2 \text{ h. } 1/2 \\ 5 \text{ h.} \quad \text{à } 7 \text{ h.} = 2 \text{ h.} \end{array}\right\} \quad \text{soit 8 h. 1/2 par jour.}$$

et 42 h. 1/2 par semaine, avec congé jeudi et dimanche.

Défalcation faite des heures de classe, il reste pour les études :

	Heures	Heures	Heures
pour 4ᵉ A, 3ᵉ A, 6ᵉ B, 5ᵉ B....	42 1/2 —	22 =	20 1/2 d'études
— 6ᵉ A, 5ᵉ A	42 1/2 —	23 =	19 1/2 —
3ᵉ B...........	42 1/2 —	24 =	18 1/2 —
4ᵉ B...........	42 1/2 —	26 =	16 1/2 —

Avant de répartir les heures d'études proportionnellement aux heures de classe des divers enseignements, il faut constater que certains de ceux-ci ne comportent aucune préparation, tel le dessin...

, Nous avons alors les proportions suivantes :

3ᵉ A, 4ᵉ A, 5ᵉ B.........	20 h. 1/2 d'étude pour	20 h. de classe
6ᵉ B........	20 h. 1/2 — —	19 h. —
6ᵉ A, 5ᵉ A	19 h. 1/2 — —	21 h. —.
3ᵉ B........	18 h. 1/2 — —	21 h. —
4ᵉ B........	16 h. 1/2 — —	23 h. —

Il y aurait lieu, semble-t-il, pour ces deux dernières classes, où le chiffre des heures d'études est vraiment insuffisant, de reporter 3 heures de classe à la matinée du jeudi. La proportion deviendrait :

3ᵉ B............	21 h. 1/2 d'étude pour	21 h. de classe
4ᵉ B...............	19 h. 1/2 d'étude pour	23 h. de classe

En général, une heure de classe correspondra pour le profes-seur à une heure d'étude environ.

Dans la pratique, si le nombre des heures d'études n'atteint pas celui des heures de classe, on attribuera une heure d'étude pour une heure de classe, soit aux enseignements principaux, soit plutôt aux matières où la valeur moyenne de la classe sera le moins élevée.

Il nous paraît inutile d'étudier l'organisation des services des professeurs spéciaux, il sera toujours facile de leur donner leur maximum, il nous suffira de prouver qu'il est possible d'assurer à chacun des professeurs principaux, dans une seule classe ou dans deux classes, sans morceler leur enseignement, un nombre d'heures de services, très voisin de leur maximum, pour qu'ap-paraisse la possibilité de réalisation de la conception de M. Lefèvre.

Un simple regard jeté sur le tableau de la division A, démontre que l'application de la réforme y est facile. L'enseignement principal (français-latin) comporte 10 heures dans toutes les classes, cela fait, avec les études, un total de 19 à 20 heures.

Il y aura donc, pour chacune de ces classes, un professeur chargé du français et du latin. Même facilité dans la division B. Il y a là deux enseignements principaux: français et langues vivantes comportant chacun 5 heures hebdomadaires. Deux solutions: ou attribuer à un même professeur l'enseignement d'une matière dans 2 classes, soit en 6e, 5e B et 4e, 3e B ; ou, plu-tôt, solution qui a toute ma préférence, confier à un seul profes-seur l'enseignement du français et des langues vivantes dans une seule classe. On aurait, dans les deux cas, un service maxi-mum en :

6e B, 5e B, 3e B............   de 20 heures
4e B.....................   de 18 heures

soit pour 3 classes le maximum prévu et pour la 4e un chiffre très voisin.

Un tableau de la répartition nouvelle des heures de service, en regard du tableau actuel, éclairera mieux la question.

6ᵉ A   TABLEAU ACTUEL

LUNDI	MARDI	MERCREDI	VENDREDI	SAMEDI
HEURES de	HEURES de	HEURES de	HEURES de	HEURES de
8 à 9 Français-latin.	8 à 9 Mathéma-tiques.	8 à 10 Français latin.	8 à 10 Français-latin.	8 à 9 Français-latin.
9 à 10 Dessin d'imitation.	9 à 10 Français latin.	» »	» »	9 à 10 Histoire.
» »	10 1/4 à 11 1/4 Français-latin.	10 1/4 à 11 1/4 Langues vivantes.	» »	10 1/4 à 11 1/4 Langues vivantes.
2 à 3 Langues vivantes.	2 à 3 Langues vivantes.	2 à 3 Mathéma-tiques.	2 à 3 Dessin d'imitation.	2 à 3 Géographie.
3 à 4 Français-latin.	3 à 4 Histoire.	3 à 4 Français-latin.	3 à 4 Langues vivantes.	3 à 4 Sciences naturelles.

Nous savons qu'en 6ᵉ A, 19 h. 1/2 d'étude correspondront à 21 heures de classe. Admettons la répartition suivante :

Français latin	Langues vivantes	Histoire	Mathéma-tiques	Sciences naturelles
9 h. 1/2	5 h. 1/2	2 heures	2 heures	1/2 heure

NOTA. — Les modifications sont en **caractères gras**, les heures d'étude en *italique*.

LUNDI	MARDI	MERCREDI	VENDREDI	SAMEDI
HEURES de	HEURES de	HEURES de	HEURES de	HEURES de
8 à 9 **Dessin d'imitat.**	8 à 9 **Mathématiques.**	8 à 10 Français-latin.	8 à 10 Français-latin.	8 à 9 **Géograph**^ie.
9 à 10 Franç. latin.	9 à 10 Français-latin.	» »	» »	9 à 10 Histoire.
10 1/4 à 12 Franç. latin.	10 1/4 à 11 1/4 Français latin	10 1/4 à 11 1/4 Langues vivantes.	*10 1/4 à 12, Franç.-latin.*	10 1/4 à 11 1/4 **Langues viv.**
	11 1/4 à 12 Franç. latin	*11 1/2 à 12 Langues vivantes.*		*11 1/4 à 12 Langues vivantes.*
1 1/2 à 2 Langues vivantes.	*1 1/2 à 2 Langues vivantes.*	*1 1/2 à 2 Français latin.*	11 1/2 à 2 1/2 **Dessin d'imitation.**	*1 1/2 à 2 Sciences naturelles.*
2 à 3 Langues vivantes.	2 à 3 Langues vivantes.	2 à 3 **Français-latin.**	*2 1/2 à 3 Langues vivantes.*	3 à 4 Sciences naturelles.
3 à 4 Français latin.	3 à 4 Histoire.	3 à 4 **Mathématiques.**	3 à 4 Langues vivantes.	3 à 4 **Français-latin.**
5 à 7 Français latin.	*5 à 7 Histoire.*	*5 à 7 Mathématiques.*	*5 à 7 Langues vivantes.*	*5 à 7 Français latin.*

Voici le tableau qui résultera de cette transformation :

L'examen du tableau nous révèle qu'en réalité il n'y a que 18 h. 1/4 d'étude, ainsi réparties :

Français latin	Langues vivantes	Histoire et Géog^ie	Mathématiques	Sciences naturelles
8 h. 3/4	5 heures	2 heures	2 heures	1/2 heure

La différence provient de ce que nous avons fait état d'un 1/4 d'heure de récréation à 10 h., comme temps d'étude.

L'application de la réforme, dans les classes élémentaires, ne présente pas de difficultés plus grandes. La présence des élèves au lycée de 8 à 12 heures, et de 2 heures à 6 heures, nous paraît suffisante ; deux récréations de 9 h. 1/2 à 10 heures, et de 4 h. à 4 h. 1/2, seraient consacrées aux exercices physiques ; il y aurait donc 7 heures de classe et d'étude, soit, par semaine, un total de 35 heures, sur lesquelles 20 sont consacrées aux classes et 15 aux études.

3 heures d'écriture, de dessin et de chant ne nécessitent aucune préparation ; il y a donc 15 heures d'études pour 17 heures de classe.

La solution sera dans la spécialisation de l'enseignement jusqu'ici inappliquée. Le professeur principal enseignera le français, l'histoire et la géographie qui « ne peuvent être séparés, car c'est à leur occasion que doit être donné l'enseignement de l'instruction morale et civique. »

Ces trois matières comportent 10 heures de classe, qui jointes aux heures d'étude, donneront un maximum de 19 heures. Les langues vivantes, le dessin, le chant, seront confiés à des professeurs spéciaux.

Un même professeur enseignera en 7me et en 8me, l'écriture, le calcul et les leçons de choses, soit 6 heures pour chaque classe, qui, jointes aux heures d'étude, donnent un maximum voisin de 20 heures.

Une dernière difficulté se présente. Qu'elle sera la méthode de la réalisation de la réforme ?

D'aucuns voudraient que, dans chaque lycée, on augmentât progressivement, le nombre d'heures de classe, attribuées aux répétiteurs d'externat, ou professeurs-adjoints actuels ; ainsi la réforme se développerait dans tous les lycées à la fois. Ce procédé nous plaît peu, et semble, à notre avis, aller à l'encontre de l'esprit de la réforme : ce serait préparer l'unité de l'enseignement et de la surveillance par l'émiettement de l'enseignement.

Un seul moyen nous semble pratique : réaliser la réforme tout entière, d'un seul coup, dans un même lycée et l'étendre, chaque année, à de nouveaux établissements.

Ce travail réussira-t-il à convaincre les adversaires du projet ; après avoir plaidé son impossibilité, va-t-on nous objecter les répercussions budgétaires qu'entraînerait la réforme ? Il y a lieu de remarquer que, si elle nécessite des créations de chaires de professeurs, elle a aussi pour conséquence la suppression de tous les postes des professeurs-adjoints actuels. Si, d'ailleurs, il devait en coûter au pays, que serait cette dépense modique auprès du progrès réalisé : un enseignement secondaire dont tous les élèves tireraient profit, où tous, bien dirigés, donneraient leur pleine mesure ; par suite, le niveau intellectuel égalisé et exhaussé. Est-il dépenses plus utiles que celles qui donneraient un tel résultat ?

F. VIGNOI. MÉRESSE,

Vice-Président de la Fédération Nationale
des Professeurs-adjoints et répétiteurs
Répétiteur-général au Lycée Faidherbe.

ÉTUDE

SUR LES ORIGINES, L'ÉVOLUTION ET L'AVENIR

DU

PROFESSORAT-ADJOINT

PRÉSENTÉE

PAR M. H. RABY
Secrétaire de l'Amicale du lycée Carnot

Caractère général de la réforme de 19

L'œuvre accomplie par la troisième République, dans le champ de l'instruction, restera l'un de ses titres principaux à la reconnaissance de la postérité. Successivement, l'enseignement primaire et l'enseignement supérieur ont été fondés ou réorganisés. Après une longue série de tâtonnements, l'enseignement secondaire, compliqué de l'épineuse question de l'internat, vient à son tour de découvrir sa voie, et la réforme de 1902 marquera une date mémorable dans l'histoire de son évolution séculaire.

A la vérité, le fléchissement continu de la population de nos établissements et l'augmentation simultanée des effectifs des maisons rivales, les déficits croissants des budgets de nos lycées et l'élévation corrélative des crédits nécessaires pour les combler, éveillèrent seuls au début, l'attention du Parlement. Mais l'enquête instituée à ce sujet, révéla bientôt les causes profondes de la crise. Notre enseignement secondaire gardait trop l'empreinte d'une organisation surannée, qui avait pour unique objet d'en faire un instrument de règne. Il souffrait d'une survivance anachronique des conceptions congréganiste et napoléonienne, sur le but de l'éducation et sur le rôle des maîtres. Le costume des élèves et la robe des professeurs, le roulement du tambour et le son de la cloche, la discipline militaire et ecclésiastique, avec ses retenues et ses pensums, rappelaient encore le souvenir du couvent et de la caserne, marquaient le désir manifeste de plier l'enfant, dès le jeune âge, à l'obéissance passive et immédiate, de préparer des soldats et de former des sujets. Fidèle à ses traditions, l'Université ne se décidait pas, par surcroît, à sacrifier des préjugés qui lui tenaient au cœur et à entrer pleinement dans le mouvement de la démocratie moderne. Elle se laissait dominer par des habitudes d'esprit trop aristocratiques et ne s'adaptait, en aucune façon, aux besoins économiques de la Société contemporaine. Ses programmes élevaient d'infranchissables barrières entre les enseignements primaire et secondaire, privilégiaient l'enseignement latin et grec, réservé à la bourgeoisie et généralement fermé au peuple. Son régime intérieur demeurait étranger aux principes qui régissent la société et la nation, assujettissait toute une fraction du personnel à une existence quasi-monastique, maintenait, selon le mot de Taine, une disconvenance fâcheuse entre l'Ecole et la Vie.

La Commission d'enquête comprit la nécessité de rénover entièrement ce système d'enseignement et d'éducation. Une approbation unanime accueillit ses conclusions dont l'impartialité et le caractère foncièrement démocratique frappaient vivement les esprits non prévenus. Grâce à la création de cours spéciaux appropriés aux nécessités des diverses régions, grâce aux économies intelligentes réalisées dans la gestion matérielle, l'autonomie des établissements est dès maintenant un moyen efficace « d'harmoniser les prix de pension locaux aux ressources du pays et aux besoins des familles. » Demain, sans doute, elle associera largement un personnel de plus en plus stable à la direction des lycées et collèges, lui permettra de mettre à sa tête, par voie d'élection, les plus capables et les plus justes, d'accomplir ainsi dans la fierté et dans la joie, avec un zèle et un dévouement accrus, la haute mission qui lui est confiée. Une heureuse modification des plans d'études et une entière égalité des sanctions laissent désormais aux élèves la liberté de s'adonner, selon leurs aptitudes et leur destination, soit à la culture antique, soit à l'étude spécialement développée des sciences ou des langues, plus utile pour la vie et pour l'action, indispensable même pour l'entrée des carrières commerciales ou industrielles. Cette extension de la culture scientifique, la création de types d'enseignement complet et de courte durée, l'identification des programmes des classes élémentaires de nos lycées et des cours supérieurs de l'école primaire, l'agencement habile qui rend possible le passage direct de l'enseignement primaire supérieur au second cycle de l'enseignement secondaire, la révision des tarifs scolaires et l'abaissement des frais d'études favorisent notablement l'accession de l'enseignement secondaire aux plus capables des enfants du peuple, constituent un acheminement vers le lycée gratuit, un premier pas vers cette éducation intégrale commune, que rêvaient déjà les conventionnels Romme et Saint-Fargeau, une étape importante vers ce premier degré d'instruction générale que Condorcet jugeait indispensable à tout homme civilisé.

Les causes de la transformation du régime intérieur des lycées

Mais la transformation profonde du régime intérieur de nos lycées, est peut-être le progrès le plus sensible des réformes en voie d'exécution. Elle convertit tardivement en réalité bienfaisante, le décret précurseur de 1891, aux termes duquel « les répétiteurs devaient concourir, à la fois, à l'éducation et à l'enseignement. » En les débarrassant, en principe, des surveillances purement matérielles par la complète séparation des maisons de pension et d'enseignement, en les associant, en outre, à l'enseignement magistral, par l'institution du professorat-adjoint, elle représente à coup sûr l'effort le plus sérieux vers l'unité morale du personnel et vers l'affranchissement définitif d'une catégorie de tout temps opprimée. Des raisons de justice et de bonne administration imposaient l'adoption de cette double mesure. « La disconvenance entre les titres requis des répétiteurs et leurs fonctions actuelles » (M. Leygues), « l'élévation de leur niveau intellectuel et moral », « l'injustice commise à leur égard, quand on les enfermait dans une impasse où le grade et l'instruction ne trouvaient pas leur récompense », l'impossibilité de reléguer dans des fonctions de pure surveillance des jeunes gens qui ont affronté des examens et qu'on avait promis d'associer à l'enseignement » (M. Ribot), « la nécessité de calmer la déception des licenciés, mécontents d'une existence peu en rapport avec les rêves qu'ils avaient caressés » (M. Denoix), résument les considérations principales qui décidèrent les Pouvoirs publics à mieux utiliser nos capacités et à nous accorder enfin « une situation correspondant à notre valeur pédagogique ». Il serait donc vraiment calomnieux d'accuser à ce propos, tous ceux qui dans le Pays, dans le Parlement et dans l'Université, se passionnent pour l'éducation nationale, d'avoir sacrifié d'un cœur léger, l'intérêt des générations futures à des préoccupations économiques, ou à d'instinctives sympathies à l'égard de modestes fonctionnaires.

La solution de la question du répétitorat

La question du répétitorat était posée depuis longtemps ; elle était pour l'Université une source de difficultés. Il fallait la résoudre sans tarder sous peine de frapper de stérilité tous les essais de rénovation. « Il dépend surtout du maître chargé de la « surveillance, écrivait excellemment M. Leygues (1), que les « élèves trouvent dans nos lycées et collèges, sous le régime « d'une règle tutélaire, quelque chose de l'heureuse liberté et de « la douceur de la famille. Un maître qui n'aime ni son métier, « ni la maison où il l'exerce, est incapable de rendre cette maison « aimable. Il n'y a de bons maîtres que les maîtres contents de « leur sort. Nos répétiteurs ne l'étaient pas. Ils avaient des rai- « sons de ne pas l'être. La vraie raison était moins dans la modi- « cité de leur traitement que dans la *disconvenance* entre la « nature de leur tâche et leur légitime ambition. Ils voulaient « avoir le titre et exercer la fonction de professeur. Leur préten- « tion était justifiée puisque c'est dans ce but qu'ils avaient con- « tracté avec l'Université et qu'ils avaient conquis leurs grades.

« On ne pouvait choisir qu'entre deux solutions : ou supprimer « complètement le répétitorat, ou lui donner des débouchés et « établir une sorte de chaîne d'avancement qui constituerait un « lien entre les répétiteurs et le personnel enseignant.

« La solution s'est trouvée dans la distinction des services de « l'internat et de l'externat.

« Désormais le lycée est une maison d'enseignement, une école « et à cette école est annexé un internat.

« Dans cette école, d'après le nouveau régime, des répétiteurs « sont adjoints aux professeurs et leur service spécial est de « collaborer à l'enseignement. Leur domaine propre, c'est l'étude,

____

(1) *G. Leygues.* L'Ecole et la vie (p. 270 et 271). (Calmann Lévy, 1904).

« vestibule de la classe. Là, ils surveillent et conseillent. Après
« la classe, par des explications et des interrogations, ils assurent
« et confirment, pour les élèves faibles ou d'esprit lent, les résul-
« tats acquis. *Des cours leur sont réservés. Ils sont à la fois*
« *auxiliaires des professeurs et professeurs débutants.*

« Le service de l'Internat n'est plus d'ailleurs imposé d'office à
« personne. Pour l'assurer, le proviseur dispose d'un certain
« crédit. Ce n'est plus le ministre qui lui envoie de loin et lui
« impose des surveillants qu'il ne connaît pas : c'est lui-même
« qui les recrute et les choisit sous sa responsabilité. Imposé
« d'office, le service de l'internat ressemble à une servitude ;
« assuré par des volontaires, il n'y a pas de raison pour qu'il ne
« soit accompli avec bonne volonté et bonne humeur. »

L'idéal de l'éducation et le sens véritable de la réforme

Ces mesures si légitimes et si nécessaires n'ont pourtant, à vrai
dire, qu'un caractère momentané.

L'éducation a pour fin le développement harmonieux de l'in-
dividu. Elle ne se préoccupe pas seulement d'orner son esprit et
d'affermir son jugement, mais de former son caractère et de
tremper sa volonté. L'enseignement magistral de la classe, la
direction pratique des études, la surveillance active des récréations, tous les incidents de la vie scolaire y contribuent également
ment. C'est ce qu'affirment à chaque page de l'enquête parlementaire toutes les autorités pédagogiques compétentes.

Selon M. Léo Meillet, les relations constantes et continues, les
rapports fréquents et affectueux entre le maître et l'enfant, en
dehors des heures de classe, sont la première condition, le secret
même de toute bonne éducation, qui ne peut vraiment se faire à
distance et qui doit toujours se baser sur une amitié réciproque.
— « Il n'y a pas d'erreur plus fâcheuse que la distinction »,
affirme aussi M. Manuel. « Cette distinction est une distinction
arbitraire, factice, qui ne répond pas à la nature des choses.
L'éducation est un tout. La direction morale doit être absolument
unie à la préparation de l'esprit et confiée à la même personne »
déclare (1) M. Léon Bourgeois.

Comme le remarque justement M. Henry Bérenger, on n'as-
surera le progrès de notre enseignement secondaire qu'en faisant
cesser cette sorte de duel regrettable entre professeurs et répéti-

---

(1) Enquête sur l'enseignement secondaire (tome II, page 600).

teurs, qu'en organisant la fusion totale de ces deux catégories de
fonctionnaires. « Le professeur est aujourd'hui un homme qui
« enseigne sans surveiller ; le répétiteur est un homme qui sur-
« veille sans enseigner. Entre les deux, l'enfant glisse sans être
« éduqué. Additionnés, le professeur et le répétiteur ne font pas
« un éducateur (1) ».

« On n'arrivera, en réalité, à aucune solution, conclut enfin
« M. Couyba (2), tant qu'on n'aura pas fait le même maître à la
« fois professeur et répétiteur, tant qu'il y aura deux hommes
« chargés, l'un de surveiller l'élève, l'autre de l'instruire. L'en-
« fant, d'esprit éveillé et malin, verra toujours dans l'un l'infé-
« rieur et dans l'autre le supérieur. Pourquoi les professeurs
« répugneraient-ils à rester avec leurs élèves entre deux classes,
« à s'entretenir amicalement avec eux, à être témoins de leurs
« jeux, puis à les surveiller pendant l'étude ?

« Ce régime bien aménagé ne contrarierait en rien la vie de
« famille en dehors du lycée, ni ne diminuerait les loisirs abso-
« lument indispensables pour se reposer, se récréer l'esprit, vivre
« de la vie intellectuelle, se renouveler pour le grand bien des
« élèves.

« Dès maintenant, il faut préparer résolument cette réforme
« profonde, qui, seule, fera disparaître le malaise actuel et réali-
« sera l'idéal de l'éducation ».

Telles sont, en effet, l'idée maîtresse et la pensée directrice des
auteurs de la réforme, tels sont sans la moindre équivoque le
sens intime et l'orientation calculée de l'œuvre nouvelle. « Le
« seul remède à la crise, écrit à ce propos M. Raiberti dans son
« rapport sur le régime des lycées, est dans l'abandon d'une
« erreur de principe que notre enseignement public a été presque
« seul à commettre : la séparation des fonctions de professeur et
« de surveillant. Il faut revenir à une plus saine notion des
« choses et se rapprocher soit du système des gymnases alle-
« mands, soit de notre enseignement primaire où le rôle du
« répétiteur et celui du professeur sont confiés à la même
« personne.

« Il y a trois natures de fonctions bien distinctes : 1° L'ensei-
« gnement ; 2° La surveillance des études ; 3° La surveillance
« matérielle. *Les deux premières sont d'ordre intellectuel et moral.*

____

(1) Enquête, I, 400.
(2) Discours à la séance de la Chambre du 18 février 1902.

« *Elles sont égales en importance. Elles doivent être unies et con-*
« *fiées à la même personne.* La troisième peut être remise à des
« collaborateurs plus modestes. L'erreur de l'Université a été de
« séparer les deux premières qui doivent rester jointes et de fondre
« ensemble les deux dernières qui doivent rester distinctes. Il
« faut réunir ce qui doit être réuni et séparer ce qui doit être
« disjoint. Il faut faire cesser le dualisme des fonctions et fon-
« dre le personnel des professeurs et des répétiteurs en un seul
« cadre (1) ».

Dans sa lettre au ministre, d'octobre 1901, et dans son discours
du 14 février 1902, M. Ribot ne se montre pas moins catégorique : « *Quelle que soit la force d'un préjugé difficile à vaincre,
mais nullement insurmontable, la Commission de l'enseignement
insiste, dit-il, pour que le principe de la fusion complète du corps
des professeurs et de celui des répétiteurs soit nettement posée. Elle
se plaît à penser, M. le Ministre, que vous comprenez comme elle
la nécessité de cette réforme* ».

Et il ajoute avec beaucoup de force : « Il faut fondre autant
« qu'il sera possible, le corps des répétiteurs et le corps des pro-
« fesseurs ; voilà l'idée simple et vraie ; elle est partout, dans
« tous les ordres d'enseignement, elle est partout à l'étranger ; il
« n'y a que chez nous qu'on a voulu diviser par une séparation
« artificielle la fonction du professeur et la fonction du répétiteur,
« comme si l'œuvre de l'éducation n'était pas une, comme si elle
« ne se continuait pas, et comme s'il n'était pas nécessaire que
« l'enfant respectât partout celui qui le guide, l'homme appelé à
« l'honneur d'enseigner et investi par là même de cette autorité
« morale qui lui rendra facile la discipline. Il y a là le germe
« d'une réforme vraie et pratique ».

Les avantages de la fusion

Les avantages incomparables de cette fusion résultent directement de l'idée qu'on se forme aujourd'hui de l'organisation du
travail scolaire. La besogne d'assimilation accomplie après la
classe peut seule rendre fructueuse la parole magistrale. On s'accorde d'ailleurs à reconnaître qu'à des degrés variables avec le
développement intellectuel de l'enfant, elle doit s'accompagner
d'une intervention systématique du maître dans la direction du
travail personnel.

____

(1) Rapport Raiberti, p. 101.

En s'enfermant dans sa chaire, en limitant sa tâche à la classe, le professeur ne remplit qu'imparfaitement sa mission. « Ce n'est « pas, observe avec raison M. Léon Bourgeois, en constatant le « travail fait, en prescrivant le travail à faire, c'est en aidant à « faire le travail, en y guidant l'effort, en y suggérant la méthode « que le maître peut surtout agir pour la formation des esprits ».

Maintenue dans des justes limites, la direction du travail quotidien « réputée vile et asservissante, devrait donc être considérés comme la partie la plus vivante et la plus intéressante de l'œuvre d'enseignement (M. Thalamas) ». L'utilité en est aujourd'hui si manifeste que nos adversaires n'osent plus la contester et M. Symian, lui-même, dans l'exposé des motifs de sa proposition de loi, avoue le besoin « de diriger le travail, de guider l'effort suivant le caractère, l'intelligence et le besoin de chaque enfant, d'aider celui-ci trop faible, de stimuler l'activité de celui-là sans le dispenser pourtant de l'effort dont il est capable. »

Mais l'application normale de ce principe suppose, implicitement un remaniement complet dans l'organisation actuelle des études de nos lycées.

Elle est intimement liée à l'établissement légal de l'externat surveillé. L'externat surveillé répond exactement à l'état de nos mœurs et représente le régime normal de l'enseignement secondaire. C'est sur son développement méthodique que comptent nos rivaux pour concurrencer demain avec succès l'Université. Sans enlever l'élève à son milieu naturel, sans le soustraire à l'influence bienfaisante de la société ambiante, il complète et parfois corrige l'action familiale plus souvent défectueuse qu'on ne se l'imagine.

La suppression des catégories actuelles d'élèves rendrait possible l'organisation rationnelle du travail commun de chaque classe. Complétée par la fusion des fonctions, elle aurait bientôt les plus heureux effets. Elle concilierait à la fois l'intérêt du personnel et l'intérêt des élèves, symboliserait l'équivalence des fonctions d'instruction et de surveillance, vaudrait à tous les maîtres la même autorité et le même respect, raréfierait du même coup les sanctions pénales, révolutionnerait la discipline et accroîtrait par répercussion le travail.

Les exercices seraient distribués en raison du nombre d'heures d'études dont les élèves disposent dès le début de l'année. Le temps qu'il convient respectivement de leur consacrer serait réglé avec détails, par les soins du Conseil d'enseignement, empêchant le sacrifice de certaines parties au profit de matières plus attrayantes et au détriment de la culture générale. Chaque maître ferait appliquer les théories et les règles qu'il aurait lui-même enseignées en classe. Ainsi s'éviteraient des divergences de méthode, origines de comparaisons dangereuses et propres à ruiner souvent l'autorité des deux collaborateurs. « Il est clair qu'avec une pareille cohésion entre les cours et ses applications, entre les explications et les préparations, l'enfant profiterait mieux et plus vite ; il est clair qu'avec une direction d'étude aussi éclairée et pratique, le travail de tous serait facilité et rendu plus efficace ». (M. Thalamas).

Cette harmonie de direction, universellement adoptée à l'étranger, a causé chez nous les merveilleux progrès de l'enseignement primaire à tous les degrés.

L'enseignement secondaire, selon la remarque de M. Raiberti, n'arrive pas toujours jusqu'à ceux auxquels il s'adresse, parce qu'il est donné de trop haut ou n'est pas donné d'assez près. Seule, la fusion des fonctions en proportionnera les résultats, au mérite et au dévouement des maîtres.

La fusion est la conclusion uniforme des divers projets de réorganisation de l'enseignement secondaire

Convaincues de la supériorité de cette conception, des autorités universitaires considérables, dont nul ne conteste l'impartialité et le désintéressement, ont estimé que la définition actuelle et la nature des fonctions du professeur-adjoint, n'étaient pas suffisamment précises, qu'à ce sujet « les efforts de la Commission d'enquête parlementaire avaient simplement abouti, jusqu'à présent, à un régime illogique et inapplicable. » Elles ont signalé le besoin urgent d'une réforme radicale de l'enseignement secondaire et d'une refonte totale de l'organisation des services.

Leurs divers plans de réorganisation subordonnent avec raison l'intérêt du personnel à l'intérêt supérieur des élèves.

Néanmoins, selon le précepte de Paul Bert, conformément aussi aux considérants du projet Ribot-Bourgeois, la tâche du fonctionnaire n'est vraiment féconde que s'il la remplit avec satisfaction. « Le professeur-adjoint doit donc être heureux dans son rôle et se sentir en outre utile à l'œuvre d'enseignement et d'éducation (1) ». En un mot « toute organisation juste doit offrir à tous les élèves de tous les lycées et collèges des conditions sé-

---

(1) Conférence de M. O. Lefèvre, doyen de la Faculté des lettres de Lille, aux répétiteurs du lycée Faidherbe.

rieuses d'enseignement et de surveillance, à tous les maîtres de tous les collèges et lycées, des conditions équitables et humaines d'existence (1). »

Il serait, en outre, contraire à l'idéal démocratique de maintenir les catégories actuelles de lycées et de collèges, de laisser subsister, entre les établissements, comme entre les maîtres, cette hiérarchie illogique et funeste, incompatible avec la bonne harmonie du personnel.

« L'élève du plus petit collège de campagne, le répétiteur et le professeur du plus petit collège de campagne, ne sont pas des *âmes* plus *viles* que les élèves, professeurs et répétiteurs des grandes villes et de Paris (2). » Chaque enfant, dans la seule limite de ses aptitudes naturelles, sans aucune distinction de caste et de fortune, doit théoriquement avoir les moyens de parvenir au développement intégral de ses facultés, trouver partout, à sa portée, une instruction aussi forte et une éducation aussi soignée. Seuls, des esprits rétrogrades peuvent nourrir l'audacieux projet d'introduire la lutte des classes dans l'Université, d'admettre, d'une part, un enseignement secondaire élevé, confié aux agrégés des lycées et réservé à la riche bourgeoisie, d'autre part, un enseignement moindre, confié aux licenciés ou bacheliers des collèges et destiné aux classes moyennes et inférieures. Il est au contraire désirable que « des agrégés puissent être nommés dans les collèges, même de second ordre (3). »

Une élémentaire justice exige, de plus, qu'à titres et à mérites égaux, tous les maîtres, quelles que soient leurs fonctions respectives et leur installation première, soient totalement assimilés, jouissent d'avantages identiques, d'une pareille rémunération et d'un bien-être équivalent. « Aucun professeur ou répétiteur licencié ne pourra recevoir, en aucun cas, un traitement inférieur au traitement de son grade et de sa classe. Jusqu'à ce que les traités conclus par l'État avec les villes puissent être révisés, l'État complètera les traitements des licenciés envoyés dans les collèges de second ordre (4). »

C'est qu'en effet s'affirme de plus en plus l'égale importance et l'égale dignité des fonctions d'enseignement, d'éducation et de surveillance. Peu à peu, se déracine le préjugé néfaste qu'en ma-

---

(1 et 2) G. Lanson. *Revue Bleue* du 31 mars 1906.
(3) Gustave Lanson. *Revue Bleue.*
(4) Gustave Lanson. *Revue Bleue.*

tière d'éducation il y a des fonctions nobles et des fonctions humbles, qu'il existe de « basses » et de « viles » besognes. « Le service d'enseignement et le service de surveillance sont également nécessaires et honorables. »

« Le mal dont se plaignent non seulement les répétiteurs, mais dont souffre aussi l'éducation de la jeunesse, résulte, en grande partie, de la distinction complète de l'enseignement et de la surveillance (1) ». C'est dire qu'il faut résolument détruire cette distinction artificielle et dangereuse entre l'enseignement *ex cathedra* réputé noble autant qu'honorable, et la direction du travail personnel des élèves, réputée vile et asservissante, bien qu'elle soit réellement la partie la plus vivante et la plus intéressante du métier de professeur (2). » Après avoir au préalable orienté les lycées dans le sens de l'externat surveillé, après avoir décrété même l'obligation légale de ce régime, il faut, au moins pour les classes moyennes « abolir immédiatement la séparation absolue entre la classe et l'étude (3). » « Supprimer le fâcheux dualisme entre le professeur et le répétiteur », créer « un enseignement secondaire coordonné et unifié, où chacun des maîtres occupera la place légitime que lui assignent ses mérites et ses titres (4). »

« Le moyen efficace est dans une fusion de services, qui se réalisera seulement par l'application rigoureuse des deux règles suivantes :

> Point d'enseignement sans surveillance
> Point de surveillance sans enseignement (5)

Telles sont, en dernière analyse, les considérations communes, dont s'inspirent les projets de MM. Lanson, Lefèvre et Thalamas.

Mais des différences notables les séparent qui vont immédiatement fixer nos préférences.

Caractères distinctifs des différents systèmes

M. Thalamas se rallie pleinement à la solution qu'indiquait en premier lieu M. Leygues et se montre partisan de la suppression radicale du répétitorat.

---

(1) Gustave Lanson. *Revue Bleue.*
(2) A. Thalamas. *Action* du 7 décembre 1905.
(3) G. Lefèvre. Conférence à l'Amicale Faidherbe.
(4) Thalamas. Article cité.
(5) G. Lanson. — Article cité.

Il est indispensable, à son gré, que tous les maîtres aient désormais la même carrière, que la fusion complète *des fonctions* soient organisée à travers les deux cycles et même dans les classes supérieures.

« Tous les élèves de chaque division venant en étude, comme en classe, chaque maître serait appelé à diriger l'étude où s'effectuerait le travail personnel donné par lui en classe. »

« Les professeurs actuels auraient moitié de leur temps de
« service en classe et moitié en étude ; leur besogne n'en serait
« pas accrue, mais deviendrait plus étroitement professionnelle,
« c'est-à-dire, plus haute et plus louable. Mais, naturellement,
« il faudrait augmenter le nombre des professeurs, puisque le
« temps de classe de chacun d'eux diminuerait de moitié. C'est
« pourquoi, réservant aux anciens professeurs, en vertu de leurs
« grades ou de leurs situations acquises, les classes supérieures,
« on pourrait nommer aux emplois de professeurs des classes
« moyennes et inférieures les anciens répétiteurs, qui sont,
« d'ailleurs, tous pourvus de diplômes qui garantissent, et sou-
« vent au-delà de ce qu'il faut, leurs capacités et qui ont, par
« surcroît, fait leurs preuves depuis leur entrée en fonctions. »

M. Lanson reste plus timoré et se borne simplement à préconiser une fusion mitigée *des services*. Si on laisse pour un instant, de côté, les parties de sa thèse qui concernent les attributions spéciales de l'internat (1), sa solution apparaît, à coup sûr, comme un progrès indiscutable, car elle réhabilite la surveillance, en y associant tous les professeurs, car elle rehausse, par surcroît, le prestige des répétiteurs, en généralisant, et en étendant à tous, sans considération de grades, le professorat-adjoint, dans sa forme actuelle, car elle met en pleine lumière l'importance considérable de la participation à l'enseignement magistral, en vertu de laquelle, selon l'avis de M. Ribot, tout répétiteur, ne fît-il qu'une heure de classe par semaine, cessera d'être, aux yeux des élèves, un simple surveillant disciplinaire.

Sur plus d'un autre point, le projet de M. Lanson se rapproche de celui de la Commission d'enquête dont, il est le prolongement et le complément logique.

Le répétitorat est conçu *en principe* comme un stage passager, durant lequel tous les candidats au professorat, quels que fus-

____

(1) *La question du dortoir* a fait l'objet d'une étude magistrale de mon ami *F. Platier*, secrétaire de l'Amicale Hoche, insérée aux annexes.

sent leurs titres, feraient, sous la direction de professeurs et de répétiteurs expérimentés, leur apprentissage professionnel et se formeraient à la pratique des méthodes pédagogiques. Sans souci des dangers d'une mise en tutelle, vraisemblablement aussi pesante qu'impraticable, certaines dispositions déterminent, même avec précision, la date, les conditions, les durées maxima et minima de ce stage. *En fait*, le répétitorat demeurerait une carrière définitive, pour la majorité des répétiteurs-bacheliers qui « ne seraient nommés professeurs qu'à défaut de répétiteurs-licenciés, ayant droit d'être nommés. »

Considéré comme définitif et envisagé dans sa période de fonctionnement normal, ce système nécessite donc quelques critiques et quelques réserves. L'éminent professeur sollicite d'abord des règlements particuliers pour les professeurs des cours préparatoires aux grandes écoles « dont l'enseignement appartient, en réalité, à l'enseignement supérieur. » Pour l'ensemble des autres classes, il conserve un double personnel, maintient des catégories encore trop tranchées de professeurs et de répétiteurs, au risque de perpétuer involontairement « l'antipathie regrettable qui est le fléau de notre enseignement secondaire (1). »

A tout professeur, serait attribuée une part minime de surveillance, c'est-à-dire, un degré suffisant de prestige, à tout répétiteur serait réservée une part minime d'enseignement, c'est-à-dire, une faible considération. Des inégalités choquantes dans les situations respectives blesseraient cruellement le sentiment de justice de la fraction du personnel à qui, dans le passé, échut toujours la besace. Grâce à une estimation arbitraire de la valeur relative des heures d'enseignement et de surveillance, un fardeau accablant de 30 heures par semaine, sans compter la charge du dortoir, resterait, par exemple, le lot des humbles qui verraient, à côté d'eux, des professeurs de même grade simplement astreints à un service hebdomadaire plus raisonnable de 16 à 18 heures.

Plus hardi que celui de M. Lanson, et moins radical que celui de M. Thalamas, le système mixte de M. Lefèvre en est en quelque sorte la conciliation. Dans le second cycle, il maintient en apparence, une catégorie de répétiteurs de métier, et propose la fusion totale des fonctions dans le domaine du premier cycle. L'honorable doyen de la Faculté de Lille serre de près le problème. Un bref historique lui apprend d'abord, qu'à partir de

---

(1) Déposition de M. Marcellin Berthelot. (Enquête parlementaire, p. 96, tome I).

1808, les décrets et ordonnances convergent tous vers un but uniforme : la formation pédagogique des maîtres et l'utilisation pratique du savoir des répétiteurs. Contrairement à l'opinion de MM. Ribot et Lanson, il repousse fermement la conception du professeur-adjoint *stagiaire* « théoriquement défendable, mais, qui, dans la réalité, ne serait qu'un leurre. » Il écarte, de même, l'hypothèse du professeur-adjoint *sous-professeur*, chargé spécialement de conférences ingrates aux élèves arriérés, assujetti à la direction et au contrôle permanent du professeur-titulaire. La conception du professeur-adjoint, *co-professeur*, partageant avec le professeur la tâche de l'enseignement proprement dit, lui semble peu favorable à l'œuvre éducative, parce qu'elle paraît tendre au morcellement et à l'émiettement de l'enseignement. Il craint, en outre, que le professeur-adjoint s'efforce de réaliser en lui le type du professeur, et ne se dégage bientôt des services de surveillance, aggravant aussi le divorce actuel des fonctions.

Le souci de l'hygiène et du développement physique de l'enfant, la connaissance des lois qui président à son évolution psychologique, l'obligent à condamner l'uniformité malfaisante de l'organisation de nos lycées. « A des enfants, à des adolescents, à des jeunes gens, le même régime scolaire ne saurait convenir. » L'intervention du maître dans le travail personnel doit être logiquement proportionnée à l'âge et à la croissance intellectuelle de l'élève. Tandis que MM. Thalamas et Lanson admettent cette immixtion extérieure jusqu'au sommet des études secondaires, M. Lefèvre la limite implicitement au premier cycle. La définition rationnelle du professorat-adjoint en est dès lors le corollaire immédiat. « *Il n'est besoin de professeurs-adjoints ni pour les tout petits auxquels convient seul le régime de l'école maternelle, ni pour les grands qui sont déjà des étudiants virtuels, graduellement préparés à l'usage de la liberté et près desquels le travail écrasant exigé par l'œuvre d'enseignement ne souffre pas que les professeurs soient en outre chargés d'une besogne de surveillance.* » Dans la division des classes élémentaires et dans la division de grammaire, le maître donnera tout son temps à l'élève, dont le moindre obstacle décourage la volonté débile. Les devoirs doivent être faits sous la direction constante du professeur. « LA, des savants sont vraiment dépaysés. » Le service de surveillance qu'on voudrait leur imposer serait accueilli sans bonne grâce et resterait sans utilité. Dans ces classes moyennes, les répétiteurs actuels sont par contre admirablement qualifiés pour donner l'enseignement, présider aux exercices d'application, contrôler les résultats, remplir par surcroît la mission délicate du père de famille, jouer tout au moins le rôle affectueux de frères aînés, donner enfin par des leçons quotidiennes l'instruction civique et sociale, devenir en réalité « les éducateurs vrais de la République dans nos lycées (1) ». Le professorat-adjoint serait ainsi une fonction originale, une carrière parallèle à celle du professeur, mais tout aussi importante et tout aussi respectable.

Résumé

En résumé, le projet de M. Thalamas apparaît comme un idéal théorique, malheureusement lointain. Le système de M. Lanson n'est qu'un palliatif momentané et à certains égards inacceptable. L'organisation mixte de M. Lefèvre repose sur une base pédagogique solide, menace moins directement la situation actuelle des professeurs, présente, au point de vue corporatif, l'avantage de respecter le désir des rares répétiteurs qui, vu leur âge et leurs habitudes, se refusent encore à changer de vie et de travail, offre dans le second cycle, à ceux qui ne veulent pas coopérer à l'enseignement magistral, le refuge espéré.

Pour tous ces motifs elle semble donc d'une réalisation plus prochaine. Ainsi que l'établit une étude consciencieuse de mon excellent camarade Vignol, son application générale est désormais possible. Dès maintenant il conviendrait de s'y acheminer et de la mettre loyalement à l'essai dans quelques lycées autonomes, où l'expérience fournirait vraisemblablement des résultats concluants.

Le professorat adjoint actuel est une transition logique et nécessaire.

L'intelligence du but final, la conscience d'un idéal précis orienteront notre action et coordonneront nos efforts. Mais les transformations que nous poursuivons ne s'opéreront pas soudainement comme sous la baguette d'un magicien. Aujourd'hui, les cadres de l'enseignement secondaire sont trop nettement séparés pour subir, du jour au lendemain, un bouleversement profond. En général, le progrès ne s'accomplit pas par bonds ; il sera ici la conséquence

____

(1) Discours de M. Adrien Veber, à la Chambre des Députés (7 mars 1905).

inéluctable d'une évolution lente dans la mentalité des catégories, par endosmose des idées de justice et sous la pression irrésistible du bon sens public. En attendant, nous croyons sage et raisonnable de ne pas quitter le terrain solide des réalités. Il serait nuisible aux intérêts de l'Université de contraindre des fonctionnaires mécontents à s'adapter brusquement à une tâche nouvelle. Une période de transition sera nécessaire pour ménager tous les intérêts, pour respecter les droits acquis, pour vaincre d'aveugles résistances. Nous restons, en conséquence, fermement attachés à l'institution présente du professorat-adjoint, parce que la *fusion du corps des professeurs et du corps des répétiteurs est la préface logique de la fusion idéale des fonctions*, parce qu'elle nous achemine sûrement, en vertu de sa force impulsive, vers des améliorations plus profondes.

Mais nous avons le droit incontestable de réclamer que le respect scrupuleux des volontés de ses auteurs préside désormais à son organisation, que cessent enfin des hésitations et des demi-mesures dont la persistance compromet toujours le succès des réformes les plus bienfaisantes.

Des adversaires mal informés ont nié, il est vrai, la possibilité de tirer des textes aucune indication précise sur la nature des fonctions nouvelles. L'honorable M. Massé s'est plaint lui-même que l'administration n'ait officiellement fourni aucune définition exacte du rôle des professeurs-adjoints. Les explications contenues dans la lettre adressée, en janvier 1902, par M. le ministre Leygues au président de la Commission d'enquête, afin de déterminer les grandes lignes de la réforme, lui paraissent incomplètes et peu satisfaisantes : « Leur service étant allégé du côté de l'internat, les répétiteurs, écrivait M. Leygues, pourront être plus « effectivement associés à l'enseignement.

« *On leur confiera avec la direction du travail dans les études,* « *la répétition de certains cours, la direction de certains exerci-* « *ces et même de certaines classes.* Auxiliaires réels des profes- « seurs, ils deviendront de véritables professeurs-adjoints et « seront désignés pour les fonctions de professeurs-titulaires ».

Volontairement, M. le Ministre se tenait ici dans la généralité ; il comptait sur l'expérience « pour contrôler les prévisions, fixer des règles, déterminer les conditions et la mesure de la collaboration du professeur-adjoint à l'enseignement magistral ». « Mais, observe M. Lintilhac, le Président de la Commission ne « se contenta pas de ces vagues indications, pénétré qu'il était de

« l'urgence d'une mesure qui lui apparaissait comme la clé de
« voûte de tout le système de réformes dont l'enquête lui avait
« montré la nécessité. Aussi, dans son rapport à la Chambre des
« Députés, crût-il devoir souligner en ces termes l'imprécision
« de la déclaration ministérielle, sur un point capital à ses yeux :
« Ce sont des professeurs, ainsi que l'indique leur titre. Telle est
« bien la pensée du Ministre et celle de la Commission. Mais on
« n'aurait fait qu'une réforme incomplète si le professeur-adjoint
« devait rester indéfiniment dans cette situation, s'il n'avait pas
« la certitude morale d'être titularisé après un certain nombre
« d'années de bons et modestes services, alors même qu'il n'arri-
« verait pas à conquérir le titre d'agrégé.... Il faut absolument
« qu'on réserve aux professeurs-adjoints une proportion assez
« large des emplois de professeur-titulaire pour que leurs fonc-
« tions ne deviennent pas, comme celle des répétiteurs actuels,
« une véritable impasse, et pour que la fusion entre le corps des
« professeurs et celui des répétiteurs ne soit pas une simple
« apparence ». « On voit, ajoute M. Lintilhac, qu'il y avait une
« évidente disconvenance entre le langage officiel dont le vague
« était une prudence admini rative et celui de la Commission
« si net en sa hardiesse motivée (1) ».

On n'a pas découvert, dans les textes officiels, les éléments
d'une définition rationnelle, parce qu'on ne les interrogeait pas
avec sang-froid et qu'on négligeait les données mêmes du bon
sens. Au jugement des esprits sincères, aucun doute ne saurait
pourtant subsister. Les conclusions de la réforme de 1902 dépassent singulièrement les commentaires du décret de 1891. Désormais, le professeur-adjoint ne concourra pas seulement à l'enseignement au moyen de conférences aux élèves faibles, sous la
direction et le contrôle du professeur titulaire ; « il sera chargé
à la fois d'une partie des classes et de la surveillance des études. »

« Dans l'esprit des auteurs de la réforme de 1902, le professeur-
« adjoint procède du répétiteur et du professeur. *En étude*, il est
« et reste répétiteur. *En classe*, il est véritablement professeur, il
« enseigne sous sa responsabilité et il est nécessairement soumis
« au contrôle de l'inspection générale.

« *Autonome* dans son enseignement, le professeur-adjoint,

____

(1) Rapport de M. le Sénateur *Eugène Lintilhac*, sur le budg-t de l'Instruction publique de 1910.

« parce que répétiteur, est *en étude* le collaborateur, *l'auxiliaire*
« des professeurs titulaires, *mais il ne l'est que là.*

« Le professeur-adjoint doit présenter ce double caractère, sous
« peine de méconnaître « la pensée du ministre comme celle de
« la Commission. » Il est impossible de le concevoir comme
« chargé *seulement* de la direction du travail des élèves en étu-
« des. Sa fonction ne serait pas autre que celle du répétiteur, ni
« plus ni moins. Le professorat-adjoint ne serait nullement ce
« que veulent qu'il soit MM. Ribot, Bourgeois et Leygues, c'est-
« à-dire un acheminement vers la fusion des fonctions du pro-
« fesseur et du répétiteur.

« Aucun doute n'est donc possible : le professeur-adjoint doit
« enseigner ; et dans l'esprit de ses parrains, *les répétiteurs ne*
« *pourront être promus au titre et à la fonction de professeur-ad-*
« *joint que s'ils participent à l'enseignement magistral.*

« Cette participation, dans qu'elle mesure aura-t-elle lieu ?
« M. Leygues le dit dans sa séance du 14 février 1902 : « Les
« professeurs-adjoints seront chargés de cours *accessoires* que le
« professeur-titulaire ne fera plus. »

« Et par cours « accessoires », il faut entendre les enseigne-
« ments qui, dans chaque classe, ne dépassent pas trois ou quatre
« heures. En cela, la circulaire ministérielle du 7 août 1905 est
« parfaitement conforme à la pensée du ministre de 1902 et au
« vœu des répétiteurs. Ces derniers ont, en effet, toujours
« demandé que leur participation à l'enseignement comprenne
« deux ou trois heures de classes rentrant dans leur service...

« Une seule question reste à résoudre : est-il possible de faire
« participer *tous* les répétiteurs actuels à l'enseignement magis-
« tral ? C'est l'Administration elle-même qui va se charger de
« répondre par l'affirmative.

« Il suffit, pour s'en convaincre, de se reporter aux dispositions
« essentielles de la circulaire du 2 août 1902 :

« Art. 7. — ...Le nombre des répétiteurs de l'externat, c'est-
« à-dire des maîtres qui pourront, *après avoir fait leurs preuves,*
« être considérés comme professeurs-adjoints, est, en principe,
« égal au nombre des études.

« Art. 9. — Pour la désignation de ces maîtres, il n'y a pas
« lieu de prendre uniquement en considération *le grade* ou la
« qualité de répétiteur-général ; on tiendra compte par dessus
« tout de l'aptitude à la fonction, cette fonction variant elle-
« même suivant l'âge des élèves, la nature de l'enseignement,
« etc.

« Art. 14. — On doit éviter de confier à certains répétiteurs un
« service exclusif de surveillance, à d'autres un service exclusif
« d'enseignement. *On doit s'efforcer d'attribuer des services*
« *mixtes.*

« Ces instructions indiquent clairement : 1° le double carac-
« tère sur lequel — et avec raison · insistera plus tard la circu-
« laire du 7 août 1905, que doit présenter le professeur-adjoint ;

« 2° Que, conformément à la pensée des auteurs de la réforme,
« l'Administration entendait promouvoir au professorat-adjoint
« *tous* les répétiteurs d'externat (articles 7 et 9), mais seulement
« — ce qui est légitime — après qu'ils auraient fait leurs preuves
« (art. 7) ;

« 3° Que, en conséquence, on devrait leur attribuer à *tous* et
« sans distinction de *grades* (art. 9), des classes régulières d'en-
« seignement magistral (art. 9).

« Ainsi, le 2 août 1902, l'Administration, sans la moindre
« équivoque, estimait que, grâce à leurs titres, à l'expérience ac-
« quise, *tous* les répétiteurs pouvaient participer à l'enseigne-
« ment et que les programmes permettaient de leur accorder à
« *tous* cette participation recherchée, de manière à réaliser inté-
« gralement la réforme votée par le Parlement quelques mois
« auparavant (1). »

L'opposition professorale

Les dispositions précédentes ont été en vigueur pendant 3 années, du 1ᵉʳ octobre 1902 au 1ᵉʳ octobre 1905.

Jusque là, l'aristocratie universitaire des professeurs agrégés
avait espéré que la réforme ne s'affirmerait pas et affectait à son
égard une indifférence narquoise. Elle s'imaginait secrètement
que, dans tous les ordres d'enseignement, son application condui-
rait à des résultats détestables. En dépit de certaines erreurs
d'interprétation et malgré la maladresse des administrations
locales, l'expérience démontra, tout au contraire, l'excellence du
nouveau régime. C'est ce qui résulte, en effet, des déclarations
multiples que nos amis et nos chefs ont successivement portées
devant le Parlement. « Dégagés de ces fonctions peu en harmo-
« nie avec les grades que beaucoup avaient conquis, affirmait
« M. Chaumié à la séance du 15 novembre 1905, de la simple
« surveillance des dortoirs, des récréations, etc., les répétiteurs

---

(1) Article de M. F. Platier, dans l'*Avenir Universitaire* du 1ᵉʳ avril 1906.

« ont compris qu'ils devenaient des répétiteurs dans le véritable
« sens du mot, c'est-à-dire en quelque sorte des professeurs
« annexes, dont l'émulation est provoquée par l'initiative des
« proviseurs qui ont pu, dans bien des cas, leur confier une sorte
« d'enseignement complémentaire. Il en est résulté un profit pour
« les élèves qui sont entourés d'une bienveillance éclairée par des
« hommes qui, au lieu de se sentir enlisés pour ainsi dire dans
« leur situation présente, y voient au contraire le premier degré
« d'une carrière dans l'enseignement et qui y apportent, avec le
« feu de la jeunesse, la confiance que donne l'espoir dans l'ave-
« nir. C'est tout profit pour les élèves et pour l'Université en
« même temps ; car ces maîtres travaillent à obtenir des grades
« supérieurs et nous préparent des chargés de cours, dont le savoir
« se doublera de l'expérience acquise dans le contact journalier
« des enfants. »

« Je crois, disait au cours de la même séance M. le directeur
« de l'enseignement secondaire, que *les répétiteurs externes sont*
« *généralement dispensés de toute surveillance en dehors de celle*
« *des études. Presque tous* ont dès aujourd'hui une certaine part à
« l'enseignement. D'une manière générale, les résultats obtenus
« ont donné, autant qu'on pouvait l'espérer pour un début, satis-
« faction aux chefs d'établissements et les répétiteurs ont fourni
« la preuve qu'ils peuvent être de vrais collaborateurs du profes-
« seur, d'utiles associés à l'enseignement. »

A son tour, M. Bienvenu-Martin concluait en ces termes son
discours du 7 mars 1905 : « A diverses reprises, le Gouverne-
« ment a donné aux répétiteurs des preuves de sa sollicitude. Non
« seulement il a relevé leurs traitements, mais, ce qui est peut-
« être plus, il a relevé leur situation morale ; il les a dégagés
« de ces fonctions subalternes, ingrates et pénibles de la surveil-
« lance des cours et dortoirs, pour en faire des *demi-professeurs.*
« Aujourd'hui, leur surveillance est limitée aux études ; on leur
« donne même des services d'enseignement, ce qui a pour effet,
« dans certains cas, de leur valoir le bénéfice appréciable d'heu-
« res supplémentaires. *Ces réformes indiquent bien la voie dans*
« *laquelle l'administration de l'instruction publique est entrée.*
« *Elle entend ne pas s'en écarter, mais bien y persévérer.* »

De telles promesses qui ne laissaient aucun doute sur les destinées du professorat-adjoint, jetèrent les plus vives alarmes au
camp des professeurs. La Fédération des professeurs de lycée,
immédiatement constituée, s'assigna, pour tâche essentielle, de

combattre par tous les moyens, l'institution nouvelle. Sans la moindre preuve, elle affirma que le professorat-adjoint, mal organisé et mal conçu, constituait un péril grave pour l'Université, abaissait la valeur de notre enseignement secondaire, risquait, ainsi, de compromettre la prospérité de nos lycées au profit des établissements rivaux.

Ces gratuites accusations trouvèrent bientôt un écho fidèle dans la proposition de loi de M. Simyan, qui limitait expressément, l'enseignement magistral des lycées, aux professeurs agrégés et aux professeurs chargés de cours.

Dans un remarquable rapport, mon collègue et ami Garnaud, a définitivement établi la légitimité de l'association des répétiteurs actuels à l'enseignement (1). Nous n'y insisterons pas. Mais, dans leur impatience, nos adversaires n'avaient pas pris garde qu'invoquer l'insuffisance notoire de l'enseignement des licenciés ou bacheliers, aboutissait directement à jeter le discrédit sur tout l'enseignement des chargés de cours de nos lycées et des professeurs de nos collèges. Ils avaient, par surcroît, négligé délibérément ce fait essentiel que la réforme du répétitorat s'est opérée par étapes successives, qu'elle n'a pu se maintenir et prendre l'extension actuelle, sans les rapports favorables de l'Inspection générale, qu'elle eût été certainement enrayée, au fur et à mesure de l'autonomie des lycées, si elle avait présenté quelque inconvénient pour les études.

Ces simples remarques suffisaient pourtant à ruiner les affirmations professorales. « Ainsi que le confirme M. Lintilhac, « l'institution du professeur-adjoint est bonne en principe. Elle « fonctionne actuellement, avec 405 répétiteurs, participant, en « fait, à toutes les natures d'enseignement, dont 177 licenciés et « 228 bacheliers. Son fonctionnement est des plus satisfaisants « dans l'ensemble. Nous pourrions même citer tel lycée où l'ins- « pection a constaté que les professeurs-adjoints s'acquittaient « de leur tâche mixte — de répétition à l'étude et de cours en « classe — de manière à faire concevoir les plus vives espéran- « ces sur le succès de cette mesure, quand elle sera généra- « lisée (2). »

Toutefois, l'opiniâtreté des résistances, la persistance des

---

(1) G. Garnaud. — Rapport sur la réforme du répétitorat (3me partie), p. 17.

(2) E. Lintilhac. — Rapport sur le budget de l'Instruction publique (p. 28).

manœuvres obstructionnistes, le dépôt final de la proposition de M. Simyan, ont, momentanément, atteint leur but, et ont eu pour effet immédiat, d'arrêter l'essor normal de la réforme. A deux reprises, elles empêchèrent le Ministre de soumettre à l'acceptation du Conseil supérieur la réglementation détaillée qu'avait élaboré, depuis longtemps, la direction de l'enseignement secondaire.

Afin d'apaiser les colères, afin de donner un semblant de satisfaction à la catégorie des agrégés, M. Bienvenu-Martin (circulaire du 7 août 1906), crut devoir restreindre les mesures libérales primitivement inaugurées, et refuser, en principe, l'accès du professorat-adjoint, à tous les répétiteurs bacheliers. Malgré tout, cette circulaire du 7 août s'élève nettement contre la généralisation des conférences complémentaires aux élèves faibles et se prononce, sans équivoque, en faveur du professorat-adjoint autonome. Loin d'exclure les répétiteurs de l'enseignement magistral, elle leur confie, conformément à leurs vœux, tous les enseignements accessoires qui figurent au programme des classes, pour une durée maximum de 3 heures.

Ses dispositions restrictives n'ont d'ailleurs rien d'impératif et n'ont eu aucun effet rétroactif.

A la suite du témoignage que l'inspection générale a rendu de leurs aptitudes et capacités, le Ministre dût reconnaître que les bacheliers avaient su enseigner, très honorablement, certaines matières spéciales, et qu'il serait vraiment trop rigoureux, par l'effet d'une vaine superstition du grade, de les éloigner en bloc, et à *priori* de toute participation à l'enseignement magistral.

Les modifications immédiatement désirables. — M. Bienvenu-Martin a pris soin d'indiquer lui-même le caractère tout provisoire, de sa circulaire. Un fait capital est au surplus intervenu, qui en modifie considérablement la portée. Récemment, le projet si rétrograde de M. Simyan, a été repoussé à la presque unanimité, par la Commission de l'enseignement de la Chambre des députés. L'intervention décisive du Ministre qu'une élémentaire déférence à l'égard du Parlement avait, jusqu'alors, interdit, devient désormais légitime et nécessaire. Il importe, qu'à brève échéance, la circulaire d'août soit remplacée par un décret précis qui en répare les erreurs.

Nécessité d'un décret

Conformément aux promesses officielles, l'externat devait

comprendre essentiellement la classe et l'étude, qui prépare et complète la classe. Le service des professeurs-adjoints, fonctionnaires de l'externat, ne saurait donc se placer en dehors des heures de présence régulières des externes surveillés au lycée. La disparition de toutes les surveillances auxiliaires de dessin, d'instruction religieuse, de permanence, etc., s'impose absolument, si l'on veut que l'accroissement d'autorité morale, résultant de la participation à l'enseignement ne soit pas neutralisé par la diminution de prestige, due à ces services subalternes.

Le chiffre excessif assigné à notre maximum hebdomadaire de travail doit être également abaissé et réduit à 28 heures. Pour accomplir dignement leur mission nouvelle, les professeurs-adjoints ont besoin, désormais, de déployer une réelle activité, incompatible avec une durée exagérée du travail. La bonne direction des études exige beaucoup de souplesse et de fraîcheur d'esprit, afin d'approprier les explications à des entendements divers. Beaucoup de liberté est aussi nécessaire pour accroître ou renouveler le fonds des connaissances, pour corriger avec soin les copies, ou préparer consciencieusement les classes. Pour tout esprit informé, un total de 36 heures de service constitue certainement une charge exagérée, un surmenage réel, bien propre à expliquer le découragement et à entraîner parfois l'insuccès.

Enfin, il est temps que l'administration intervienne, par des circulaires plus catégoriques que celles du 28 août 1903, et du 13 mars 1906, pour rétablir la tradition libérale fermement maintenue par tous les grands-maîtres de l'Université. Dans ses instructions relatives à l'application du nouveau régime, M. Leygues invitait tous les chefs d'établissements à ménager les forces des fonctionnaires, à leur assurer toutes les facilités de service, à réaliser toutes les économies de temps, compatibles avec l'intérêt des études, « à distribuer les heures de travail, non « seulement sans esprit tracassier, mais avec une bienveillance « attentive à ne pas multiplier sans nécessité les va-et-vient de « leur domicile, à la maison d'enseignement (1). » Plus récemment encore, une circulaire de M. Chaumié, inspirée par des raisons supérieures d'hygiène et néanmoins inobservée, prescrivait l'interruption, pendant deux heures consécutives, au moment du déjeuner, de tout exercice scolaire. La bienveillance de nos chefs ne peut pas demeurer toujours verbale. En particulier,

---

(1) Rapport de M. Lintilhac (p. 16).

« selon la juste remarque de M. Lanson, la dignité des profes-
« seurs ne souffrira pas de quelque fonction de surveillance : on
« se demande vraiment où est l'humiliation de surveiller la ré-
« création ou les mouvements d'interclasse. Il faut, vraiment,
« avoir une mentalité d'ancien régime pour trouver naturel
« qu'on arrache à son travail, ou à son repos, aux joies de la vie
« de famille, le fonctionnaire de catégorie inférieure, parce que
« M. le Professeur trouve au-dessous de sa qualité d'accompa-
« gner ses élèves par les couloirs d'une classe à l'autre ou de les
« regarder jouer. »

« L'absurde fierté » de quelques agrégés ne saurait occasionner
le morcellement irritant du service de leurs collaborateurs.
L'obligation de la surveillance de la récréation et des mouvements d'inter-classes, pour tous les fonctionnaires présents au
lycée au moment où ils se produisent, répond « à une réelle nécessité de service et à une convenance pédagogique non moins
réelle (1). » Pour le bien de l'Université, les pouvoirs publics
agiraient sagement en tranchant, sans retour, cette question, en
tarissant, au plus vite, une source de mésintelligences et de
conflits, entre professeurs et répétiteurs.

Conclusions

En résumé, l'organisation du professorat-adjoint ne comporte
encore, ni l'unité, ni la précision désirables. A mesure que
l'œuvre s'élève, ceux qui y coopèrent ont pourtant besoin de
savoir au juste ce qu'on exige d'eux. Il est donc urgent qu'une
réglementation précise vienne définir exactement les droits et
les devoirs de chacun, déterminer, sans équivoque, la nature et
la durée de son service. Le besoin d'un décret sur le professorat-
adjoint se fait sentir, aussi bien pour les proviseurs, que pour les
maîtres. Aux premiers, il imposerait un loyalisme absolu en ce
qui concerne les principes directeurs de la réforme, et, en écar-
tant les moindres symptômes d'injustice, leur ramènerait la
confiance nécessaire de leurs subordonnés.

Il calmerait les inquiétudes et la nervosité des seconds, heureux de connaître enfin la loi définitive qui les régit, satisfaits
également d'une élévation de condition qui accroîtrait, fatalement, leurs garanties contre l'arbitraire. Il aurait, enfin, pour
heureux effet, d'amener la pacification du personnel, de mettre

____

(1) Circulaire de M. Bienvenu-Martin (13 mars 1906).

un terme à des controverses qui ne sont pas toujours désintéressées. — D'une voix unanime, nos associations professionnelles désirent que son premier article confirme formellement notre qualité de membres du personnel enseignant, et reconnaisse à *tous* le titre de professeur-adjoint. Et cette récompense est légitime, ce vœu, d'une si grande importance morale, est justifié, puisque, dès maintenant, les répétiteurs en exercice se sont constitués les « collaborateurs constants et efficaces des professeurs », puisqu'ils « sont tous capables d'apporter un concours utile à l'œuvre de la classe «, puisque, selon l'expression même de M. Bienvenu-Martin, « ils ont rendu aux élèves de très appréciables services. » puisqu'en fait « le titre de répétiteur sera bientôt, et est déjà, en réalité, l'équivalent de celui de professeur auxiliaire, ou de professeur-adjoint. (1) »

C'est, guidé par ces considérations, que je soumets, avec confiance, à l'approbation du Congrès national, les vœux suivants, dont la réalisation satisferait, à la fois, nos aspirations corporatives, et servirait puissamment la cause de l'Université, c'est-à-dire, le progrès social.

Considérant :

1° Que la réforme de 1902 est justifiée par ses résultats, qu'elle présente un caractère nettement démocratique, et est vraiment orientée vers l'avenir ;

2° Que la fusion progressive des fonctions du professeur et du répétiteur, à l'exclusion des attributions spéciales au régime de l'internat, constitue l'idéal incontestable des inspirateurs et des auteurs de cette réforme (2) ;

3° Qu'il y a lieu de s'acheminer vers cette fusion dont les avantages pédagogiques sont manifestes, et qui est la solution uniforme, préconisée par les autorités universitaires les plus compétentes et les plus désintéressées ;

4° Qu'il convient, en conséquence, de mettre, dès maintenant, à l'essai, dans quelques établissements autonomes, l'organisation mixte de M. Lefèvre, qui en est la réalisation la plus rationnelle, la plus pratique, et la plus prochaine.

5° Qu'en attendant, il importe de donner aux répétiteurs

____

(1) Circulaire ministérielle du 7 août 1905.

(2) Ce considérant a été formulé en termes identiques, par M. Adrien Berget, professeur au lycée Voltaire, au Congrès de la Fédération mixte de l'Académie de Paris.

actuels, pour leur faciliter leur tâche d'éducateur, l'autorité morale du maître qui enseigne.

6° Qu'en vertu de textes formels *le professeur-adjoint* doit être *un professeur* ainsi que son titre l'indique ; qu'il doit, par suite, participer à l'enseignement magistral, sous l'unique contrôle de l'Inspection générale, laquelle concourant à la formation de son dossier, lui fournira un surcroît de dignité et d'indépendance.

7° Que la circulaire du 2 août 1902, montre clairement qu'il est possible de donner à *tous* les répétiteurs d'externat un service mixte d'enseignement et de surveillance ; que *tous* doivent être, par suite, considérés désormais, comme des professeurs-adjoints ;

8° Que l'absence de toute réglementation précise, permet aux administrations locales d'altérer les principes fondamentaux de la réforme, afin de lui arracher des combinaisons économiques, soit en morcelant à l'excès le service des professeurs-adjoints, soit en leur attribuant un nombre exagéré d'heures de classe et d'heures de travail, soit en les obligeant, contrairement aux prescriptions ministérielles, à des services de surveillance, en dehors de celle des études ;

9° Qu'il est notamment illogique de relever, moralement, le répétiteur, en lui accordant la participation à l'enseignement et, en même temps, de ruiner son autorité par l'obligation d'assister certains professeurs, incapables d'assurer eux-mêmes la discipline.

Le Congrès émet le vœu :

1° Que la réforme Ribot-Bourgeois-Leygues soit étendue rapidement à tous les établissements d'enseignement secondaire (lycées et collèges) ;

2° Que les mesures restrictives de la circulaire du 7 août 1905 soient rapportées ;

3° Que la circulaire du 2 août 1902 soit appliquée dans sa lettre et dans son esprit ;

4° Qu'en conséquence *tous* les répétiteurs des lycées et collèges participent à l'enseignement magistral, et que *tous* soient promus, immédiatement, au titre de professeur-adjoint ou nommés, sur leur demande, professeurs de collège ;

5° Qu'un décret prochain vienne définir et réglementer avec précision le rôle, les fonctions et les heures de service des professeurs-adjoints ;

6° Que le maximum de leur service hebdomadaire soit abaissé à 28 heures, comprises dans les intervalles de présence régulières des externes surveillés au lycée, c'est-à-dire de 8 h. du matin à 7 h. du soir ;

7° Que le professeur-adjoint soit dispensé du service de la surveillance durant les classes de dessin, de gymnastique, d'instruction religieuse ; qu'il soit débarrassé de toute surveillance durable, en dehors de celles des études normales ; qu'en conséquence il ait droit au repos hebdomadaire du dimanche et aux congés des après-midi du jeudi ;

8° Que les professeurs-adjoints ne soient jamais chargés des mouvements et des récréations d'inter-classes qui leur occasionneraient un dérangement spécial ; que, dans ce but, tout mouvement soit dirigé dorénavant par le maître qui est de service immédiatement avant ce moment, et que toute récréation d'interclasse soit surveillée par le professeur chargé de la classe qui la précède (1) ;

9° Que, pour s'acheminer vers la fusion idéale des fonctions, l'organisation mixte de M. Lefèvre soit, dès octobre 1906, mise à l'essai dans quelques établissements autonomes.

H. RABY,

Secrétaire de l'Amicale du Lycée Carnot.

______

(1) La nécessité de cette mesure a été indiquée par M. Lanson (*Revue bleue* du 31 mars 1906).

RAPPORT

Sur la Représentation des Répétiteurs

DANS LES

Conseils élus de l'Université

MESSIEURS ET CHERS COLLÈGUES,

La loi du 27 février 1880, sur la Composition du Conseil Supérieur et des Conseils Académiques, ne réserve dans ces assemblées aucune place aux Répétiteurs.

A l'époque où cette loi fut discutée, le répétitorat était considéré comme une situation inférieure et passagère dans laquelle il n'était pas permis sans déchoir de rester trop longtemps. Le Maître d'Études passait généralement sa vie à rouler de lycée en lycée. Traité presque toujours comme le premier des gens de service dans la maison où il était engagé, il subissait comme une nécessité le régime du « bon plaisir » auquel il était asservi. Parfois, le « *pion errant* », après de longues courses et de durs labeurs, recevait une nomination ministérielle et sa carrière était terminée.

Donc, la Chambre de 1880 ne songea pas à lui. Elle prit soin de défendre et de développer l'indépendance des Membres de l'Enseignement secondaire, en élaborant pour eux une constitution très libérale. Et comme les Répétiteurs n'étaient pas regardés comme des fonctionnaires de l'Université, le bénéfice de la loi démocratique de J. Ferry ne leur fut pas accordé.

Depuis, par une évolution lente et souvent difficile, le répétitorat s'est profondément modifié. Grâce aux courageux efforts de nos aînés et à la lutte hardie de notre ancienne association, grâce à la bienveillance des ministres Bourgeois et Poincarré, grâce à la sollicitude des Sénateurs et des Députés républicains, la condition des Répétiteurs a changé, et le Maître d'Etudes de jadis est entré dans la grande famille universitaire, investi de certains droits et chargé d'un rôle précis.

Le décret du 28 août 1891 a fait de lui un fonctionnaire de l'Université; mais ce décret, qui a sans doute considérablement amélioré la situation des Répétiteurs, n'a pas réparé l'omission de la loi de 1880.

En effet, tandis que les Proviseurs et les Principaux, les Professeurs de Lycée et les Professeurs de Collège sont représentés dans les Conseils élus de l'Université, les Répétiteurs demandent et attendent vainement depuis 14 ans, qu'on veuille bien les admettre au Conseil Supérieur et dans les Conseils Académiques.

Cette anomalie est si extraordinaire qu'elle a pu ne pas échapper à l'attention du Ministre de l'Instruction Publique qui a dissout, il y a 8 ans, l'Association générale des Répétiteurs. Monsieur Alfred Rambaud, c'est son nom, reconnaissant en effet que la loi de 1880 devait être modifiée, prenait l'engagement, dans la séance du 12 novembre 1896, de déposer sur le bureau de la Chambre, un projet de loi destiné à compléter les dispositions de la Constitution Universitaire de 1880. Il disait: « *Dans un* « *projet de loi que j'ai l'intention de déposer sur le bureau de la* « *Chambre, j'ai réservé une part bien plus large qu'autrefois aux* « *élus de l'Enseignement secondaire, car j'y admets non seulement* « *des Professeurs de Lycée et des Professeurs de Collège, mais des* « *Répétiteurs.* ».

Ce projet de loi présenté le 6 février 1897, dort encore paisiblement dans les archives du Palais-Bourbon. Notre dignité et notre intérêt nous commandent impérieusement de le tirer du sommeil et de l'oubli. Il paraît inadmissible en effet que dans l'Université, la loi ne soit pas la même pour tous, et qu'elle puisse accorder à certains fonctionnaires des garanties qu'elle refuse à d'autres. Or, les Professeurs de Lycée et de Collège jouissent de certaines garanties très importantes qui n'ont jamais été données aux Répétiteurs. Pour se convaincre de cette vérité, il suffira de jeter les yeux sur le tableau comparatif des peines disciplinaires qui peuvent être prononcées contre les Membres de l'Enseignement secondaire. Sans doute, la nature de ces peines ne varie pas selon les divers ordres de fonctionnaires; mais, chose très remarquable, tandis que les mesures disciplinaires graves ne peuvent être appliquées aux Professeurs que par les Conseils élus de l'Université, elles sont prises contre les Répétiteurs par le Ministre, leur seul et souverain juge en toute circonstance.

A cet égard, le tableau suivant est absolument caractéristique :

Peines disciplinaires qui pourront être prononcées contre les Membres de l'Enseignement secondaire.

PROFESSEURS		RÉPÉTITEURS	
Mutation pour un emploi inférieur.	Ces diverses peines sont prononcées par le Conseil académique avec droit d'appel pour l'Intéressé devant le Conseil supérieur.	Mutation pour un emploi inférieur.	Ces diverses peines sont prononcées par le Ministre sans appel.
Suspension		Suspension	
Révocation		Révocation	

Ce tableau nous semble mettre en relief mieux que tous les raisonnements la nécessité de réformer la loi de 1880.

Cette réforme, essentiellement républicaine, qui peut être faite sans difficulté puisqu'elle n'exige aucune dépense, sera de nature à relever encore la condition des Répétiteurs. Elle a d'ailleurs un caractère trop démocratique pour laisser indifférent le Ministre actuel de l'Instruction publique.

Nous lui demandons très respectueusement de vouloir bien l'étudier ; et, s'il daigne la prendre en considération, il contribuera à son tour à favoriser dans une large mesure la nécessaire évolution du Répétitorat vers un état plus stable.

SAINT-MARTIN,

Répétiteur au Petit Lycée de Mustapha-Alger,
Vice-président de l'association des Répétiteurs du Lycée d'Alger.

*
**

Dans sa séance du 1ᵉʳ avril 1905, le Conseil d'Administration a approuvé le rapport ci-dessus de M. Saint-Martin, l'a transformé en délibération et a émis le vœu :

« Que les Répétiteurs et Professeurs-adjoints des Lycées soient « représentés dans les Conseils élus de l'Université dans les mêmes « conditions que les Professeurs de Collège auxquels ils ont été « assimilés par les décrets de 1891 et de 1903 ».

Pour le Conseil d'Adm. istration et par ordre.

Le Président, A. NICOLAS,
Répétiteur-Général au Lycée d'Alger.

LES CONSEILS UNIVERSITAIRES

Les conseils universitaires se groupent en trois catégories : Conseils de l'Université pour l'enseignement supérieur, conseils académiques pour l'enseignement secondaire, conseils départementaux pour l'enseignement primaire ; puis, au-dessus, sorte de Cour d'appel où viennent aboutir, pour être jugées en dernier ressort, les décisions de ces conseils, le Conseil supérieur de l'Instruction publique.

S'ils constituent pour les universitaires, une sûre garantie d'indépendance, le meilleur abri contre l'arbitraire administratif, ces conseils présentent certains caractères qui semblent peu en harmonie avec les institutions et les idées contemporaines. Ils restent à peu près fermés aux catégories les plus humbles des fonctionnaires, et sont anti-démocratiques. En second lieu, ils sont à la fois comités d'études et corps judiciaires et ne se conforment pas à la loi de spécialisation du travail qui est la marque des organismes supérieurs et la condition du progrès.

Des tentatives multiples ont été faites pour les réformer, la seule année 1897 a vu éclore cinq projets de lois ; jusqu'ici, aucune sérieuse réforme d'ensemble n'a été adoptée. L'heure semble venue d'apporter une solution logique et durable : tous les congrès universitaires réclament des modifications urgentes ; la question portée à plusieurs reprises à l'ordre du jour du Parlement, est maintenant posée à l'ordre du jour de l'opinion publique.

Faut-il simplement réformer ces conseils ou bien les transformer et en faire quelque chose de nouveau ? et encore ne convient-il pas de les supprimer ?

Suppression ? L'ardente campagne menée contre les conseils de guerre, tribunaux d'exception, doit-elle s'étendre à tous les tribunaux corporatifs et entraîner dans la même chute, tribunaux universitaires et tribunaux militaires ?

Abstraction faite des excellentes raisons qui justifient le maintien des conseils universitaires, il nous paraîtrait souverainement injuste d'étendre à ces conseils les reproches, justes ou non, que l'on adresse aux tribunaux militaires.

A toutes les époques, ils ont été le seul obstacle aux abus du pouvoir administratif ; certaines peines, telles que la révocation, la suspension pour plus d'un an avec privation partielle ou totale du traitement, l'interdiction à temps ou à toujours ne peuvent être prononcées que conformément à un jugement de ces conseils. Bien plus encore, de tels jugements ne peuvent être rendus qu'à la majorité des $\frac{2}{3}$ des voix. Ces cas sont extrêmement rares, mais il ne faudrait pas conclure de la rareté de telles affaires à l'inutilité des conseils ; c'est l'existence même de ceux-ci, qui a pour conséquence certaine cette rareté : en effet, la nécessité de soumettre un rapport motivé au contrôle d'une assemblée, en partie élue, suffit à maintenir, dans de justes limites, l'autoritarisme de fonction des administrateurs.

Aussi les conseils universitaires, dans leur essence, nous apparaissent comme des organismes de liberté. Les conseils de guerre, au contraire, sont des organismes de servitude ; ils sont constitués par des juges nommés spécialement à cet effet, et dont le rôle consiste tout au plus à rechercher quelle sanction prévue, il convient d'appliquer à un fait déterminé. Aussi, quel que soit le sort réservé aux conseils de guerre, il convient de respecter les tribunaux universitaires.

Réforme ou refonte ? — Dès lors, il s'agit de savoir si une réforme de détail suffit, ou si une refonte générale s'impose. Une courte étude de ces différents conseils nous fixera sur ce point.

I. — Conseil supérieur d'instruction publique

Domestiquer les esprits comme il comptait avoir préparé la domestication des consciences par le Concordat, créer des gendarmes laïcs pour la pensée comme il en avait trouvé pour la conscience, tel fut certainement le but poursuivi par Napoléon dans l'élaboration des statuts de l'Université.

Il voulut un corps enseignant fortement hiérarchisé et bien en main. Maîtresse de servitude, l'Université devait être serve elle-même.

A sa tête, il plaça le Grand Maître et le Conseil d'Université. Nommé par l'empereur, le Grand Maître était révocable à son gré, il était l'agent d'exécution du Conseil de l'Université ; ce conseil, qui administrait et jugeait tout le corps enseignant, comptait trente membres, tous universitaires : recteurs, inspecteurs, proviseurs et professeurs de faculté ; dix membres titulaires étaient nommés à vie, vingt membres ordinaires nommés pour un an. La prédominance numérique accordée à ces derniers, marque bien la volonté du pouvoir de dicter ses volontés au Conseil. Si les membres titulaires pouvaient être tentés de montrer quelque indépendance, il en allait tout autrement pour les conseillers ordinaires ; le souci de leur carrière, le désir de conserver un poste d'honneur devaient fatalement en faire les agents dociles au pouvoir.

Cette organisation aristocratique et autoritaire ne sera modifiée en son fond que de nos jours.

Sous la Restauration, il n'y a que des changements de façade ; seulement, aux exigences du pouvoir civil, tendent à se substituer celles du pouvoir ecclésiastique. Un membre du clergé, de Frayssinous, devient Grand Maître de l'Université ; l'enseignement primaire est entre les mains des évêques qui ont aussi le droit de surveiller l'enseignement ecclésiastique dans les collèges. C'est la main mise du clergé sur l'Université.

Rien n'est donc changé dans le fond pour les Universitaires, lorsqu'en 1815 le Conseil de l'Université devient commission d'instruction publique et que celle-ci, à son tour, se transforme, en 1826, en Conseil royal de l'Instruction publique.

Les membres de la Commission, du Conseil, comme leurs prédécesseurs, concentrent entre leurs mains, sous l'autorité du ministre, toute la direction de l'Université.

Il en sera ainsi jusqu'en 1845, où l'on revient à la composition du Conseil, tel que l'avait établi Napoléon ; pendant toute cette période, le Conseil est un corps exclusivement universitaire.

Tout change en 1850, la réaction garde rancune à l'Université de son indépendance d'esprit et trouve insuffisantes les lisières qui lui sont imposées.

N'a-t-elle pas aidé par son républicanisme au mouvement social qui a failli emporter la société bourgeoise et ses dogmes ? L'Université est suspecte et traitée en ennemie.

Le Conseil supérieur de l'Instruction publique « décret du 15 mars 1850 » n'est plus un corps exclusivement universitaire et ne représente plus les seuls intérêts des membres de l'Université ; il représente les intérêts de la Société toute entière et il a dans son sein des représentants de tous les grands pouvoirs de l'Etat ; il devient une sorte de tribunal d'inquisition qui se complète en 1852, par l'entrée de trois sénateurs, représentant l'élément politique.

Le même esprit guide les auteurs du décret de 1873 ; le Conseil supérieur est toujours le défenseur des intérêts de la Société : cultes, magistrature, grands corps d'Etat, même armée et marine y ont des représentants. Ainsi, aux premiers jours de la troisième République, le Conseil supérieur a un caractère plus aristocratique et plus autoritaire qu'au temps de sa création même.

En 1880, une conception nouvelle triomphe ; le Conseil supérieur de l'instruction publique tend à justifier les promesses de son nom ; en principe, il représente les seuls intérêts du corps enseignant, il est à la fois un Conseil d'études et un Conseil de discipline.

Ses attributions et sa composition répondent-elles bien à la volonté du législateur ?

Même dans ce cas, la réunion d'attributions si diverses dans la compétence d'un seul corps est-elle un bien ? Ne convient-il pas de grouper ces attributions actuelles par affinité et d'en confier l'examen à différents conseils ou à des sections distinctes d'un même conseil ? C'est ce que nous voudrions rapidement examiner. Comité d'étude, le Conseil supérieur a des pouvoirs différents suivant la nature des questions qu'on lui soumet. S'il s'agit des conditions pécuniaires afférentes aux examens : droits d'inscriptions, d'examens et de diplômes, conditions d'âge, le Conseil supérieur est appelé à donner son avis ; s'agit-il des examens eux-mêmes, de leurs programmes, des méthodes d'enseignement, de la surveillance des Ecoles libres et des livres qu'on y emploie, le Conseil supérieur *doit donner* son avis. Conseil disciplinaire, il a des attributions tout aussi étendues ; c'est un véritable tribunal d'ordre administratif, chargé de juger les personnes et les choses ; « il peut maintenir purement et simplement, diminuer ou au contraire augmenter, enfin supprimer la peine disciplinaire édictée par le Conseil de l'Université, par le Conseil académique ou départemental » (cf , Louis Gobron, Législation...)

Il est pour ces trois conseils une sorte de cour d'appel jugeant en dernier ressort. Même c'est seulement sur l'avis conforme du

Conseil supérieur que le ministre peut nommer à un emploi inférieur un professeur de faculté.

Le Conseil supérieur a donc un pouvoir réel sur l'organisation de l'université ; surtout, il est le tribunal suprême des universitaires.

Sa composition répond-t-elle bien à ce double objet : non. Le Conseil supérieur dans sa forme actuelle est un bizarre amalgame qui rappelle les mesures diverses qui l'ont organisé et transformé. Il comprend une majorité de membres élus : 43 sur 57 ; il y a eu effort pour démocratiser l'institution, mais on s'est arrêté à mi-chemin et les classes les plus humbles n'y sont pas représentées. Puis, survivance inexplicable du passé, il y a encore des membres nommés par le pouvoir ; constituant la section permanente, chargés de préparer les sessions plénières et de rédiger les rapports, ces membres nommés ajoutent, au prestige d'une haute situation, celui d'une connaissance plus approfondie des questions et d'une compétence plus étendue ; leur présence s'explique ainsi dans un comité d'études, mais nous paraît pour le moins inutile dans un corps judiciaire.

Un tribunal corporatif ne semble devoir être toléré que si l'accusé y est jugé par ses pairs ; ici, il n'en est rien. Le Conseil supérieur qui devrait être une sorte de Conseil de Prud'hommes est plutôt un conseil de guerre, il apparaît comme un anachronisme dans la démocratie en voie de réalisation.

Y a-t-il intérêt à le remanier en y introduisant des éléments nouveaux ? faut-il au contraire le transformer entièrement ?

Dans l'université comme dans l'industrie il faut diviser le travail ; à des travaux de nature distincte, il faut des ouvriers d'éducation et de capacité différentes ; il faut donc remplacer le Conseil supérieur actuel par deux conseils plus homogènes.

L'un aura dans ses attributions l'étude de toutes les questions qui intéressent l'université ; l'autre sera un corps judiciaire chargé de juger en dernier ressort toutes les affaires professionnelles des membres de l'enseignement.

Quelle serait la composition de ces deux conseils ?

Le premier, ou conseil d'études, existe ou du moins est en bonne voie de formation ; c'est l'ensemble des Amicales. Qui, mieux que les Universitaires des diverses classes est qualifié pour étudier les questions d'enseignement ?

Qu'on ne craigne pas l'uniformité ou la timidité des pensées ; la vie intense qui se manifeste depuis la constitution des Amicales, les discussions parfois violentes mais toujours vivantes et utiles qui se sont produites nous prouvent que cette crainte serait chimérique. Les questions d'enseignement seraient étudiées dans les Amicales; leurs congrès nationaux annuels apporteraient des solutions documentées et précises, des délégués élus par eux iraient exposer aux membres du Parlement le résultat des études et des travaux de tous les membres de l'enseignement et leur remettre en quelque sorte les Cahiers de l'Université. Ainsi les parlementaires prendraient à la source même les solutions logiques qui adapteraient l'Université à son rôle d'éducatrice de la démocratie.

Conseil disciplinaire, le Conseil supérieur serait une sorte de conseil de prud'hommes.

Toutes les catégories des membres de l'enseignement y seraient représentées. Chacun y serait jugé par les élus de sa catégorie auxquels viendraient s'adjoindre des élus moins nombreux d'autres catégories. L'accusé serait jugé par ses égaux, c'est-à-dire par des collègues capables d'apprécier sainement la réalité et l'importance des griefs invoqués contre l'accusé.

Cette réforme aurait un double avantage : le Conseil supérieur en tant que corps judiciaire serait en harmonie avec les idées contemporaines; surtout cette collaboration de tous à l'étude des questions d'enseignement donnerait à l'Université une vie nouvelle; tous s'intéresseraient à une œuvre perfectible qu'ils seraient appelés à perfectionner eux-mêmes.

Ce serait enfin pour les Universitaires, professeurs de pensée libre, le droit de parler librement des questions qui les intéressent; ce serait encore une sérieuse garantie de progrès, car la démocratie ne peut vivre et prospérer que dans une atmosphère de travail et de libre discussion.

II Conseils spéciaux de chaque enseignement.

Les critiques que nous avons formulées contre le conseil supérieur peuvent s'appliquer aux conseils particuliers de chaque enseignement ; nous y retrouvons même complication des attributions et, quoique à un degré moindre, même éviction des catégories les plus humbles.

En effet, si tous les instituteurs titulaires sont électeurs et éligibles aux conseils départementaux, les conseils académiques restent impitoyablement fermés aux chargés de cours des lycées qui ne sont pas docteurs, à tous les répétiteurs, aux professeurs bacheliers etc. Le conseil de l'Université n'admet dans son sein que les professeurs titulaires. De ces ressemblances pouvons-nous conclure que la réforme convient à ces conseils ? Seul un exposé même rapide de leur histoire, de leur composition et de leurs attributions pourra nous renseigner.

1° Conseil de l'Université

Les conseils des Universités sont de création récente ; la loi du 10 juillet 1896 portait, article 2 : « Le Conseil général des facultés » prend le nom de « Conseil d'Université ».

Ce nom nouveau s'applique et convient à un nouvel organisme rendu nécessaire par une institution nouvelle. La même loi dotait les Corps de facultés transformés en Universités d'une large autonomie avec tous les droits et pouvoirs propres à assurer leur vitalité : droit de posséder et d'acquérir, de gérer des fonds, d'organiser leur enseignement ; c'est là tout un ensemble de prérogatives financières et administratives qui constituent les attributions du Conseil. Ses pouvoirs varient suivant les cas.

Lorsqu'il s'agit de gérer les biens de l'Université, d'organiser ou de réglementer les cours, de répartir les dispenses de droit, etc., le conseil prend des *Décisions* qui valent par elles-mêmes, sans l'approbation de l'autorité supérieure.

Sur le fait des acquisitions, aliénations, échanges, baux de longue durée, son pouvoir est limité à des *Délibérations* qui ne valent qu'en vertu d'une décision ministérielle.

Enfin, il donne des *Avis* sur les budgets annuels, les créations ou suppressions de chaires et peut émettre des *Vœux* sur toutes les questions qui intéressent l'enseignement.

Ce n'est là qu'une partie de ses attributions, l'article 3 de la loi dit : « Le conseil de l'Université est substitué au conseil académique dans le jugement des affaires contentieuses et disciplinaires relatives à l'enseignement supérieur public ». De ce fait, il interprète les règlements, juge les maîtres et les étudiants et aussi les candidats aux divers grades.

Le législateur très libéral n'a pas osé confier à l'élection seule le sort des universités ; à côté des professeurs élus il y a des membres de droit tels le recteur et les doyens des facultés, et des hommes politiques : conseillers généraux et municipaux des départements et communes qui subventionnent l'Université.

La réforme proposée serait ici d'application facile ; un premier conseil chargé des fonctions administratives et financières reproduirait à peu près le conseil actuel : seuls, ceux qui ont un intérêt permanent à la prospérité de l'Université doivent être appelés à la diriger. Le conseil judiciaire ne comprendrait que des membres élus, titulaires ou non. Même, lorsque l'inculpé serait un étudiant, y aurait-il inconvénient à introduire un ou plusieurs de ses camarades. On invite les étudiants à s'associer, on subventionne leurs Unions ; quel moyen plus puissant de les grouper que d'appeler au Conseil chargé de les juger leurs représentants les plus autorisés, un ou plusieurs membres du bureau de leur Union ?

2° Conseils académiques

Contemporains de l'Université impériale, les conseils académiques ont eu des vicissitudes diverses et subi des amputations nécessaires ; ils étendaient leur juridiction sur les 3 enseignements, l'enseignement primaire leur fut enlevé dès 1851 ; l'enseignement supérieur leur échappa en 1896, mais bizarrerie inexplicable les délégués de cet enseignement y conservent toujours leur place. A l'origine, les membres étaient nommés par le Grand Maître ; ensuite par le ministre ; en 1880, des membres élus y furent admis à côté des membres de droit (inspecteurs d'académie, etc.) et des membres désignés par le ministre (proviseur principal).

Ses attributions très amoindries, rappellent, cependant, encore la complication coutumière ; au droit de donner des avis sur les règlements, les budgets des lycées, collèges, s'ajoute le droit de prononcer, en premier ressort, la révocation, la suspension pour plus d'un an, avec privation totale ou partielle, du traitement. Il y a donc ici encore intérêt à réaliser la réforme par la séparation possible en deux conseils.

3° Conseil départemental

Les conseils départementaux ont un caractère démocratique plus accentué, la nécessité de chercher un appui auprès des instituteurs pour gagner les campagnes à la République, attira sur eux l'attention bienveillante et intéressée du législateur. En 1854, il n'y a que des membres choisis par le pouvoir ; puis le droit d'élection est accordé aux inspecteurs primaires et aux professeurs d'école normale. En 1886, tous les instituteurs titulaires sont électeurs, mais seuls, les directeurs et les directrices d'écoles à trois classes sont éligibles.

En 1901, tous les titulaires, même adjoints, sont électeurs et éligibles ; le caractère originel subsiste cependant, marqué par la présence de membres de droit (préfet, inspecteur d'académie, etc.), et de représentants élus du Conseil Général.

L'analogie avec les autres Conseils se poursuit dans les attributions. Les Conseils départementaux adaptent aux écoles primaires le plan d'études délibéré en Conseil supérieur ; ils veillent à l'application des méthodes, programmes et règlements ; ils fixent le nombre, la nature, le siège des écoles publiques. Ils sont donc organes administratifs, ils sont aussi des corps judiciaires qui possèdent le droit de prononcer l'interdiction à temps ou à toujours.

CONCLUSION

Ainsi, le même plan de réorganisation adaptera les divers conseils universitaires aux idées contemporaines. Réunir les attributions par affinités, d'une part, confier l'étude et les solutions des questions d'organisation générale ou particulière à ceux qui seront chargés de les appliquer, c'est-à-dire, à la collectivité des fonctionnaires groupés en Fédérations d'Amicales ;—d'autre part, soumettre les questions disciplinaires à des fonctionnaires de chaque catégorie, spécialement élus, à cet effet, par tous leurs collègues, voilà, croyons-nous, le seul moyen de donner à ces conseils, la vie qui leur manque.

Mais la réforme ne doit pas s'arrêter à la disparition des anomalies et des injustices. On tend, de plus en plus, à briser les barrières qui séparent les divers enseignements, on veut, que par des transitions insensibles, on aille de l'un à l'autre, que l'enseignement secondaire soit le prolongement naturel et logique de l'enseignement primaire, comme l'enseignement supérieur est le couronnement de l'enseignement secondaire. Le meilleur moyen pratique pour préparer cette pénétration, est celui qui consiste à faire appel aux compétences des divers enseignements. Des délégués de chacun d'eux doivent entrer dans chacun des conseils spéciaux : ainsi, les questions particulières seront toujours envisagées et résolues au point de vue de l'intérêt général ; l'expérience requise aux différents degrés, évitera les essais malheureux.

Cette collaboration de délégués d'origine différente ne doit se faire que pour les questions d'études et d'organisation ; la solution des questions financières reste réservée aux seuls intéressés.

Ainsi sera réalisée l'autonomie de l'Université, à tous les degrés de son échelle hiérarchique. Il semble « qu'à l'heure actuelle, des groupements autonomes, réglant, eux-mêmes, leurs destinées, tendent à se substituer aux administrations. L'Université, elle-même, participerait à ce mouvement, et serait dirigée par les représentants élus des membres qui la composent. »

F. VIGNOL-MÉRESSE.

TABLE DES MATIÈRES

TABLE ALPHABÉTIQUE DES NOMS

Imprimerie Em.-M. Lelièvre, 9 — Laval-Paris.

1-96-S.

STATUTS

la Fédération Nationale des Professeurs-Adjoints

RÉPÉTITEURS ET RÉPÉTITRICES

des lycées et collèges de France et des Colonies

ARTICLE I. — Il est fondé entre toutes les Associations ou Fédérations régionales au moins académiques de professeurs-adjoints et répétiteurs, ou associations locales pour l'Algérie, les colonies et et les pays de protectorat, une association qui a pour titre : « Fédération nationale des professeurs-adjoints, répétiteurs et répétitrices des lycées et collèges de France et des colonies ».

ARTICLE II. — La Fédération se place sous le bénéfice de l'article 2 de la loi du 1er Juillet 1901, selon lequel « les Associations de personnes pourront se fonder librement, sans autorisation ni déclaration préalables ». Son siège social est à Paris, provisoirement 27, rue de Jussieu.

ARTICLE III. — La Fédération se compose de trois sections autonomes : la section des professeurs-adjoints et répétiteurs de lycée ; la section des répétiteurs de collège ; la section des répétitrices.

ARTICLE IV. — Elle a pour objet : 1° l'étude des questions et réformes pédagogiques ; 2° l'étude des améliorations matérielles et morales concernant la corporation ; 3° l'étude et la défense par toutes voies de droit des intérêts professionnels des professeurs-adjoints, répétiteurs et répétitrices.

ARTICLE V. — La Fédération nationale entend ne s'immiscer en rien dans l'organisation et la vie intérieure des Associations ou Fédérations adhérentes qui restent autonomes, libres et responsables de leurs actes en tout ce qui les concerne individuellement.

Dans les questions d'intérêt général les Fédérations et Associations régionales avertissent le Conseil fédéral de leurs démarches ou de leurs manifestations. Elles sont responsables devant le Congrès.

ARTICLE VI. — La Fédération nationale est représentée par un Congrès national et un Conseil interfédéral.

ARTICLE VII. — La direction générale de la Fédération nationale et le contrôle de la presse corporative appartiennent au Congrès national qui est souverain. Celui-ci délibère sur toutes les questions importantes, décide toute action intéressant la Fédération. Des Congrès extraordinaires sont convoqués, en cas de besoin absolu, à la demande de la majorité des Fédérations régionales.

ARTICLE VIII. — A chaque Congrès toutes les amicales ou groupements définis par l'article 1 sont convoqués. Chacune d'elles est représentée par un ou plusieurs délégués pris parmi ses membres ou parmi les délégués d'une autre amicale de sa Fédération régionale, sauf le cas où cette Fédération n'aura pu envoyer de délégués. Chaque délégué disposera d'un nombre de suffrages égal au nombre de membres qu'il représente. Pour garantir le droit des minorités, chaque délégué partagera ses voix selon l'indication jointe aux pouvoirs qu'il doit produire. Les adhérents isolés disposent chacun d'une voix.

ARTICLE IX. — Le Congrès national fixera, chaque année, la subvention qui devra être attribuée à la Fédération nationale. La part de chaque Fédération régionale ou de chaque groupe adhérent sera proportionnelle au nombre de ses membres.

ARTICLE X. — Le Congrès national décide chaque année le lieu et la date du Congrès suivant.

ARTICLE XI — La Fédération est administrée par un Conseil de la Fédération nationale qui comprend : 1° Un Conseil interfédéral composé des bureaux de toutes les Fédérations ou Associations régionales. Au sein du Conseil interfédéral, chaque bureau dispose d'un nombre de suffrages égal au nombre de ses mandants ; 2° D'un bureau de la Fédération nationale élu par le Congrès, composé d'un Président, 4 Vice-Présidents, 1 Secrétaire-général, 1 Trésorier, 3 Secrétaires-adjoints, 1 Archiviste. Dans le bureau, les décisions sont prises à la majorité des voix.

ARTICLE XII. — Le bureau de la Fédération échange toute correspondance, gère tous fonds, prend toutes initiatives conformes aux décisions du dernier Congrès.

Dans toute question d'ordre général qui nécessite une intervention au Parlement, le Conseil soumet au referendum des Fédérations ou Associations régionales les conclusions motivées auxquelles il s'est arrêté. Dans toute autre question il agit de même si la majorité du Conseil le demande. Les Fédérations et Associations répondent dans le délai indiqué par le referendum.

Le Conseil convoque les Congrès ordinaires et extraordinaires et en prépare l'ordre du jour sans qu'il puisse être limitatif. L'ordre du jour, les rapports et les documents soumis au Congrès seront communiqués aux différents groupements un mois au moins avant l'ouverture du Congrès.

ARTICLE XIII. — Les décisions du Congrès et du Conseil sont prises à la majorité des votes émis.

ARTICLE XIV. — La Fédération nationale des professeurs-adjoints, répétiteurs et répétitrices pourra faire partie de la Fédération nationale des membres de l'Enseignement secondaire.

ARTICLE XV. — Toute demande de modification aux statuts doit être portée à la connaissance des Fédérations au moins un mois avant la réunion du Congrès.

La révision des statuts ne peut être prononcée qu'à la majorité absolue des membres cotisants.

ARTICLE XVI. — La dissolution de la Fédération nationale ne pourra être prononcée que par un Congrès spécialement convoqué à cet effet.

Imprimerie EM.-M. LELIÈVRE, ⚙ — Laval-Paris.